LA ESTRATEGIA
CONTRA GOLIAT

PROFIT
editorial

Profit Editorial, sello editorial de referencia en libros de empresa y management. Con más de 400 títulos en catálogo, ofrece respuestas y soluciones en las temáticas:

- Management, liderazgo y emprendeduría.
- Contabilidad, control y finanzas.
- Bolsa y mercados.
- Recursos humanos, formación y coaching.
- Marketing y ventas.
- Comunicación, relaciones públicas y habilidades directivas.
- Producción y operaciones.

E-books:
Todos los títulos disponibles en formato digital están en todas las plataformas del mundo de distribución de e-books.

Manténgase informado:
Únase al grupo de personas interesadas en recibir, de forma totalmente gratuita, información periódica, newsletters de nuestras publicaciones y novedades a través del QR:

Dónde seguirnos:

 | @profiteditorial

   | Profit Editorial

Ejemplares de evaluación:
Nuestros títulos están disponibles para su evaluación por parte de docentes. Aceptamos solicitudes de evaluación de cualquier docente, siempre que esté registrado en nuestra base de datos como tal y con actividad docente regular. Usted puede registrarse como docente a través del QR:

Nuestro servicio de atención al cliente:
Teléfono: **+34 934 109 793**
E-mail: **info@profiteditorial.com**

FENG ZHU • BONNIE YINING CAO

LA ESTRATEGIA CONTRA GOLIAT

LA NUEVA COMPETENCIA
DE LOS LÍDERES DEL MERCADO:
PEQUEÑOS
ÁGILES
DISRUPTIVOS

 PROFIT
editorial

Todas las publicaciones de Profit están disponibles para realizar ediciones personalizadas por parte de empresas e instituciones en condiciones especiales.

Para más información, por favor, contactar con: info@profiteditorial.com

Diseño de cubierta: XicArt
Maquetación: Montserrat Minguell

ISBN: 978-84-10235-24-3
Depósito legal: B 12263-2025
Primera edición: Octubre de 2025

Impresión: Gráficas Rey
Impreso en España – *Printed in Spain*

De Feng

A mamá, papá, Ping, Evan, Xiaomei y Dazhuang

De Bonnie

A mamá, papá, Charles y Eureka

Nota del editor

¿Cómo logran las empresas tradicionales sobrevivir y prosperar en su guerra contra los gigantes tecnológicos? El título de este libro en su versión original es *Smart Rivals*. Al traducirlo, decidimos cambiarlo por *La estrategia contra Goliat*, en referencia a la metáfora cargada de sentido donde el pequeño representa la fe, el valor y la victoria sobre la adversidad, mostrando que incluso puede vencer al más grande. De esta forma, el título ilustra más gráficamente la tesis de los autores que pone en valor el gran trabajo de las pequeñas empresas ágiles y disruptivas.

La metáfora de David contra Goliat hace referencia a una de las guerras del mundo griego antiguo, donde era habitual el combate entre campeones para evitar matanzas inútiles. Corría el año 1020 a. C. en el valle de Elah donde los filisteos habían invadido un territorio para apropiarse de él. Después de cuarenta días de lucha, el más temible guerrero invasor, Goliat, retó a sus contrincantes a presentar un campeón que luchara contra él en un duelo singular.

Goliat tenía una altura de más de dos metros, era robusto y corpulento y llevaba un casco de bronce en su cabeza, una cota de malla, grebas de bronce sobre sus piernas y una jabalina también de bronce entre sus hombros.

Al tener noticia del desafío, David, un pequeño pastor de la zona pidió permiso a su rey para enfrentarse al gigante. Armado tan solo con un garrote, una honda y cinco piedras que fue agarrando por el camino, salió al encuentro del gigante.

Goliat se rió al ver a su contrincante y se preparó para matarlo con su jabalina. Sin embargo, el joven pastor empezó a moverse en torno a su oponente, tomó una de sus piedras, volteó la honda y apuntó de tal manera que el proyectil impactó en mitad de la frente de Goliat, quien, aturdido, se desplomó con gran estrépito. David aprovechó que el enemigo estaba en el suelo aturdido por la pedrada, le quitó su espada y lo decapitó con ella.

Forjar un nuevo camino para las pequeñas empresas requiere la dirección adecuada y un toque de creatividad. Además, exige que los líderes sigan ciertos principios que desafíen sin cesar su pensamiento más arraigado, impulsándolos a convertirse en competidores innovadores en lugar de simples seguidores de los gigantes tecnológicos. Este libro ofrece principios y estrategias generales que te permitirán establecerte como un rival inteligente.

Índice

INTRODUCCIÓN
Librar la batalla correcta

¿Cómo logran las empresas tradicionales sobrevivir y prosperar en su batalla contra los gigantes tecnológicos? Si has elegido leer este libro, esta pregunta te intriga tanto como a nosotros. En la última década, las empresas tradicionales de diversos sectores de todo el mundo han sufrido continuas perturbaciones y una invasión por parte de nuevas empresas digitales y gigantes tecnológicos.

Las entidades financieras tradicionales se enfrentan al auge de las empresas *fintech*, que están reconfigurando todos los aspectos de este ámbito, desde los servicios de pago hasta los préstamos al consumo. En el sector del automóvil, los fabricantes tradicionales compiten con empresas tecnológicas innovadoras, como Tesla, y otras pioneras en vehículos autónomos, como es el caso de Google. El sector minorista se ve amenazado a medida que los gigantes tecnológicos, desde la estadounidense Amazon a la china Alibaba, invaden el espacio minorista físico y plantean un desafío directo a las empresas tradicionales. La llegada de grandes modelos lingüísticos como ChatGPT de OpenAI, GeminiÁ de Google, y LLaMA de Meta ha generado tanto entusiasmo como preocupación entre las empresas de largo recorrido. Aunque estas tecnologías son apasionantes, pueden reforzar aún más el poder de los gigantes tecnológicos.

Reconociendo el poder de las tecnologías digitales, en la última década han acudido a la Harvard Business School (HBS) ejecutivos ávidos por aprender a transformar sus empresas en lo digital. Compartimos con ellos lo que ha impulsado el éxito de los gigantes tecnológicos y los instamos a embarcarse en la transformación digital dentro de sus propias organizaciones.

No es de extrañar que muchos de estos ejecutivos dominen las estrategias de los gigantes tecnológicos y adopten activamente las tecnologías digitales. Han desarrollado aplicaciones móviles, han puesto en marcha estrategias omnicanal para llegar a los usuarios tanto *online* como *offline*, han contratado a expertos para recopilar y analizar datos y han empezado a realizar experimentos, como es el caso de Meta y Amazon.

Las compañías más ingeniosas han ido un paso más allá, invirtiendo o incubando sus propias *startups* para competir directamente con los gigantes tecnológicos. Sin embargo, a pesar de los considerables esfuerzos e inversiones en transformación digital, muchas siguen luchando por prosperar en medio de la competencia que suponen los titanes digitales.

¿Por qué es tan difícil para las empresas tradicionales prosperar en la era digital? Nuestra investigación sugiere que un problema clave es que muchas de estas compañías están librando «la batalla equivocada». Imaginan que el producto o servicio triunfante del futuro dentro de su sector combinará elementos digitales y tradicionales. A medida que los gigantes tecnológicos se apoderan de estos elementos tradicionales, las otras compañías deben adelantarse a aquellas dominando las capacidades digitales antes de que los gigantes puedan alcanzar la competencia en los aspectos tradicionales, asegurándose así una ventaja competitiva (figura I.1).

Figura I.1

La carrera por ganar la batalla

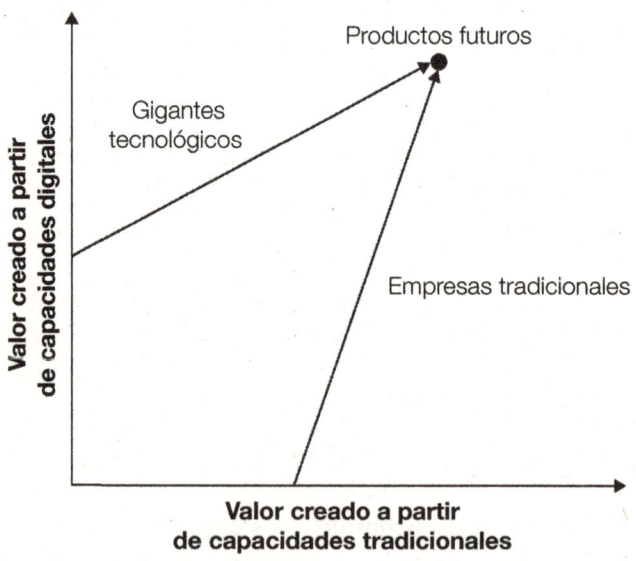

Por ejemplo, podría creerse que una cadena de supermercados compite por aprovechar los datos y los canales digitales con mayor eficacia con la que Amazon domina el funcionamiento de las tiendas físicas de comestibles.

Esta mentalidad es errónea. Basándonos en más de una década de investigación y en estudios de casos realizados en empresas de todo el mundo, hemos descubierto que las empresas tradicionales que prosperan en la era digital a menudo juegan de forma inteligente contra sus adversarios digitales. En lugar de intentar superar a los gigantes tecnológicos, diseñan su propio camino y participan en un juego que aquellos simplemente no pueden ganar (figura I.2). A estas empresas tradicionales innovadoras las llamamos «rivales inteligentes».

Estos rivales inteligentes emplean las tecnologías digitales para potenciar sus ventajas competitivas. Se centran en el consumidor y suelen crear plataformas y ecosistemas que les son propios. Al final, desarrollan productos o servicios muy diferentes respecto de los que ofrecen los gi-

Figura I.2

Diseñar una nueva ruta

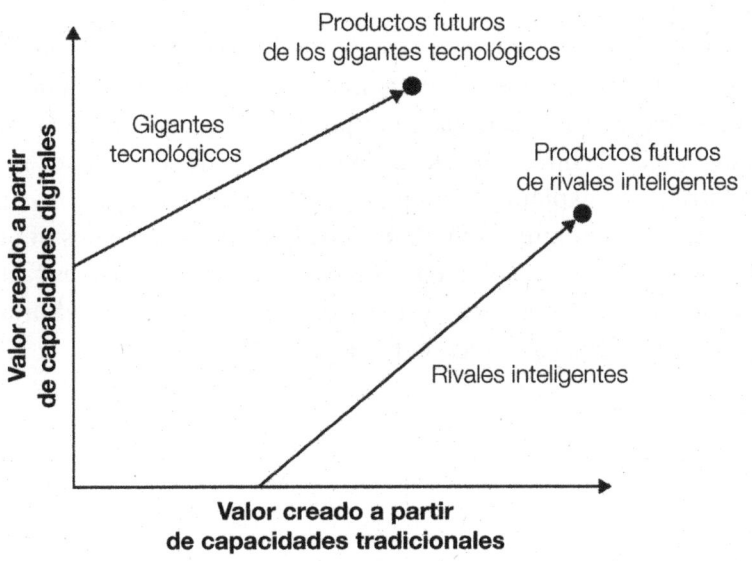

13

gantes tecnológicos, lo que dificulta su emulación por parte de estos y otros competidores.

RIVALES INTELIGENTES CONTRA SUPERPOTENCIAS TECNOLÓGICAS

Este libro está concebido para guiar a empresas de cualquier tamaño o trayectoria en la elaboración de sus estrategias con el objetivo de convertirse en rivales inteligentes en un mundo dominado por las superpotencias tecnológicas. Es innegable que las empresas tradicionales siguen necesitando adoptar la transformación digital. Sin embargo, la prosperidad en la era digital va más allá de la mera transformación: la transformación digital debe considerarse un conjunto de herramientas, no el objetivo final.

El objetivo debe ser crear ventajas competitivas ofreciendo características y beneficios únicos relacionados con los productos y que los gigantes tecnológicos y otros competidores no puedan replicar. Es imprescindible que las empresas tradicionales estudien a los gigantes tecnológicos. Pero la intención de este aprendizaje no es imitar, sino comprender cómo pueden distinguirse y aprovechar las infraestructuras establecidas por estos gigantes tecnológicos para incrementar sus propias ventajas competitivas.

De este modo, las empresas tradicionales pueden crecer sin tener que derrotar a los gigantes tecnológicos, una carrera que innumerables empresas tradicionales consideran imposible de ganar. Forjar un nuevo camino requiere la dirección adecuada y un toque de creatividad. Se trata de un territorio inexplorado para las empresas tradicionales, con conocimientos que no se obtienen fácilmente de los análisis de datos ni observando a los gigantes tecnológicos. Sin embargo, este camino es factible, según nuestros estudios de investigación y trabajos de consultoría con empresas tradicionales de todo el mundo.

EL CAMINO POR RECORRER

A diferencia de muchos libros de gestión que se centran en los gigantes tecnológicos, nuestra obra muestra los caminos creativos que han recorrido diversas empresas tradicionales de distintos sectores. Estas organizaciones, muchas fundadas antes de la llegada de internet, abarcan un amplio espectro. Algunos ejemplos son Domino's, una importante cadena de pizzerías estadounidense; Powell's Books, la mayor librería independiente del mundo, y Sephora, la multinacional francesa de venta al por menor de productos de belleza.

En nuestra institución, HBS, hacemos hincapié en los retos y decisiones empresariales del mundo real en nuestro trabajo docente, utilizando el método del caso, que tiene ya un siglo de antigüedad. En este libro, exploramos lo que llamamos «estrategias rivales inteligentes» a través de estudios de casos, lo que incluye muchas empresas que hemos visitado personalmente y a cuyos ejecutivos hemos entrevistado.

Más de la mitad de los ejemplos del libro se refieren a empresas con sede fuera de Estados Unidos. Entre ellas figuran Belle, el principal minorista de calzado femenino de China; DBS Bank, banco de consumo de Singapur; EbonyLife, el conglomerado de medios de comunicación de Nigeria; Telepass, el popular servicio de pago electrónico de peajes de Italia, y Zé Delivery, una plataforma de reparto de cerveza incubada por Ambev, la renombrada empresa cervecera de Brasil.

Forjar un nuevo camino exige que los líderes sigan ciertos principios que desafíen sin cesar su pensamiento más arraigado, impulsándolos a convertirse en competidores innovadores en lugar de simples seguidores de los gigantes tecnológicos. Este libro ofrece principios y estrategias generales que te permitirán establecerte como un rival inteligente en seis áreas clave.

En el capítulo 1, te invitamos a mirar dentro de tu propio negocio para comprender los puntos fuertes de tu empresa, en lugar de obsesionarte con los cambios externos. Este capítulo explora cómo las empresas pueden aprovechar las tecnologías digitales para potenciar las ventajas competitivas existentes, profundizando en su posición única y haciendo que los gigantes tecnológicos no puedan ganar la partida. Sus páginas destacan la importancia de determinar la dirección correcta de la innovación en la era digital. Sin una trayectoria de innovación clara, tus estrategias corren el riesgo de quedarse sin rumbo en medio de la avalancha de nuevas tecnologías que introducen con frecuencia los gigantes tecnológicos. No establecer un camino definido de innovación podría hacer que no tuvieras más remedio que tratar de ponerte al día, lo que abocaría a una rápida disminución de tu fuerza competitiva.

El capítulo 2 se centra en el cliente. Los gigantes tecnológicos se han ganado su reputación por su excepcional orientación al cliente, pues aprovechan sus inmensos recursos de datos para ofrecer ofertas muy personalizadas. En este capítulo, ilustramos cómo las empresas tradicionales pueden aprovechar de forma creativa sus características inherentes para superar sus desventajas en términos de datos y adoptar la orientación al cliente a su manera.

El capítulo 3 explora cómo las empresas tradicionales pueden descubrir oportunidades para crear plataformas dentro de sus propias organizaciones. Los modelos de negocio de plataforma no son exclusivos de los gigantes tecnológicos. Al crear plataformas innovadoras a partir de sus recursos existentes, las empresas tradicionales pueden aprovechar los efectos de red y construir fosos competitivos en su continua rivalidad con los gigantes tecnológicos.

Más allá de las plataformas, el capítulo 4 explora cómo los rivales inteligentes pueden establecer y ampliar rápidamente sus propios ecosistemas para rivalizar con los de los gigantes tecnológicos. Examinamos cómo estas empresas tienen la capacidad de involucrar a los gigantes tecnológicos dentro de sus ecosistemas para fomentar el crecimiento. Nuestro análisis revela una distinción clave: a diferencia de los gigantes tecnológicos, las empresas tradicionales no necesitan ocupar una posición central dentro de sus ecosistemas para florecer y prosperar. Al orquestar de manera estratégica la dinámica de su ecosistema, las empresas tradicionales pueden aprovechar sus ventajas únicas y el poder colectivo de los diversos participantes para impulsar la innovación, la competitividad y el éxito sostenible.

El capítulo 5 profundiza en las intrincadas relaciones entre las empresas tradicionales y los gigantes tecnológicos. En la actualidad, muchas de las primeras se encuentran inmersas tanto en la colaboración como en la competencia. Por ejemplo, UPS ayuda a Amazon en la entrega de paquetes a la vez que compite con su servicio de entrega. Del mismo modo, Best Buy formó una asociación con Amazon en 2018 a pesar de ser claros competidores. Este capítulo señala los conflictos potenciales en tales relaciones y analiza las estrategias que los rivales inteligentes pueden utilizar para mitigar en términos de estrategia los riesgos cuando se asocian con gigantes tecnológicos. Estas estrategias abarcan un espectro de enfoques que van desde el puente estratégico entre canales hasta el aprovechamiento de los reguladores.

El capítulo 6 afronta la realidad de la disrupción. Las empresas tradicionales corren continuamente el riesgo de verse perturbadas por gigantes tecnológicos emergentes o ya establecidos. Aunque los movimientos estratégicos analizados en los capítulos anteriores persiguen reducir este riesgo, la posibilidad de disrupción persiste debido a los continuos avances tecnológicos y a otros cambios en el entorno. En este capítulo, esbozamos una serie de principios generales que las empresas tradicionales pueden emplear para recuperarse y revitalizar con éxito sus empresas tras un período de perturbación.

Por último, en la conclusión se ofrece una lista de preguntas concebidas para ayudar a las empresas tradicionales a iniciar su transformación en rivales inteligentes.

• • •

Las tecnologías digitales se ven a menudo como amenazas, pero son en el fondo una suerte para los rivales inteligentes. Ofrecen oportunidades que pueden liberar el potencial de las empresas tradicionales y catapultarlas a cotas antes inalcanzables. Te invitamos a unirte a nosotros en este viaje transformador. Avancemos juntos y acabemos siendo rivales inteligentes.

1
Potencia tus puntos fuertes

> El viento apaga una vela y da energía al fuego.
> —Nassim Taleb

El auge de las tecnologías digitales y la pandemia de la COVID-19 han modificado drásticamente nuestros hábitos a la hora de comer. A principios del siglo XXI, las opciones de comida a domicilio en restaurantes se limitaban en gran medida a alternativas básicas, como la pizza y la comida china. Sin embargo, el auge de las plataformas digitales de entrega de comida a domicilio, como DoorDash, Grubhub y Uber Eats, ha ampliado las opciones y ha ofrecido un método cómodo de pedir comida. Estas plataformas, que ofrecen atractivas promociones y ofertas a los consumidores, ganaron popularidad cuando los restaurantes se vieron obligados a cerrar en tiempos de la COVID-19.

Sin embargo, la feroz competencia y la creciente popularidad de estas plataformas no parecieron obstaculizar el crecimiento de una cadena de pizzerías: Domino's. Esta cadena eclipsó incluso a las mayores empresas del mundo y sus acciones cerraron el período 2010-2023 con una rentabilidad total de más del 4600 %, superando a Amazon, Apple y Alphabet (la empresa matriz de Google). Entonces, ¿cuál es la receta de crecimiento de Domino's para lograr tal hazaña?

El notable crecimiento de Domino's es especialmente digno de mención, dadas las dificultades que afrontan muchas empresas tradicionales frente a los gigantes tecnológicos. La desaparición de empresas como Bed Bath & Beyond y Neiman Marcus, entre otras, ha puesto de manifiesto la vulnerabilidad de los negocios tradicionales en la ardua batalla contra las superpotencias digitales. La pandemia intensificó aún más la competencia en todos los frentes, a medida que más clientes pasaban de las compras presenciales a las compras en línea, lo que permitió a los gigantes tecnológicos sacar provecho de las dificultades de los «nativos no digitales».

A medida que los gigantes tecnológicos siguen ejerciendo una mayor influencia en diversos sectores, la cuestión para las empresas tradicionales ya no es si responder o no. La gran pregunta inmediata es esta: ¿cuál es la mejor manera de responder? Las empresas tradicionales suelen intentar contrarrestar a estos gigantes emulándolos, ya sea transformándose a sí mismas o creando nuevas unidades de negocio. Sin embargo, este enfoque de imitación, destinado a derrotar a los gigantes tecnológicos en su propio campo, a menudo se queda corto. Entre otras razones, es poco realista esperar que las empresas tradicionales desarrollen capacidades técnicas equiparables a las de los gigantes tecnológicos, como supondría la creación de algoritmos de inteligencia artificial superiores o la construcción de infraestructuras tecnológicas avanzadas para soportar grandes bases de usuarios y demandas de datos.

Además, los gigantes tecnológicos suelen operar con modelos de negocio que divergen de forma significativa de los de las empresas tradicionales en términos de creación y captura de valor. El cambio a estos modelos de negocio exige una transformación organizativa importante, algo que la mayoría de las organizaciones no son capaces de hacer. Y, lo que es más grave: cuanto más se parezcan las estrategias de una empresa a las de otra, más feroz será la competencia. En este tipo de enfrentamientos, pocas empresas tradicionales tienen los recursos financieros de los gigantes tecnológicos, que pueden permitirse soportar largos períodos de gastos elevados.

Cabe señalar que incluso las superpotencias tecnológicas necesitan diferenciarse para prosperar. Por ejemplo, Bing, de Microsoft, tuvo históricamente dificultades para competir con Google debido a un diseño demasiado similar al de este último. La posición competitiva de Bing no cambió demasiado hasta que integró el gran modelo lingüístico de OpenAI y empezó a ofrecer una experiencia de búsqueda más diferenciada.

Nuestra investigación sugiere que los rivales inteligentes suelen adoptar una estrategia diferente frente a los gigantes tecnológicos. En lugar de intentar derrotarlos en su propio campo —una estrategia que inevitablemente conduce a una persecución interminable para igualar la superior destreza técnica de los gigantes tecnológicos, lo que conlleva, en consecuencia, la disminución de su propia ventaja competitiva—, los rivales inteligentes forjan sus propias vías de crecimiento basándose en los puntos fuertes con que ya cuentan.

POTENCIA TUS PUNTOS FUERTES

En esta sección examinamos en profundidad dos empresas tradicionales, Domino's y Sephora. Como ilustran estos casos, los rivales inteligentes amplían sus puntos fuertes hasta un nivel con el que los gigantes tecnológicos tienen dificultades para competir. Muchas empresas tradicionales prósperas en la era digital comparten este rasgo común.

Domino's, la diferenciación a través de los pedidos

El crecimiento de varias plataformas de reparto de comida a domicilio que ofrecen una amplia gama de platos, incluida la pizza, ha supuesto una importante amenaza para el modelo de negocio de Domino's. Entonces, ¿cómo consiguió esta compañía hacer frente a esta amenaza y seguir siendo una empresa competitiva?

En el dinámico sector hostelero actual, establecimientos como Domino's deben tener en cuenta numerosas estrategias. Más allá de los servicios tradicionales de comida a domicilio, servicio de entrega y recogida, estos restaurantes colaboran con plataformas de terceros o subcontratan a proveedores de servicios de entrega de marca blanca, como Olo y Relay, que trabajan con restaurantes y dan la impresión de que el servicio lo presta la propia empresa. Con el auge de la entrega de comida a domicilio durante la pandemia, los restaurantes también podían asimilar modelos de cocina fantasma u oscura, esto es, eliminando los locales físicos y confiando únicamente en la entrega a domicilio para servir a sus clientes. En medio del auge del metaverso, los restaurantes podían abrir establecimientos virtuales que ofrecieran entrega a domicilio: los clientes podrían hacer pedidos a un restaurante virtual y recibirlos en la puerta de su casa en el mundo real. Ante este amplio abanico de opciones, ¿qué estrategias han distinguido a Domino's de otros restaurantes similares a la hora de responder a estos gigantes tecnológicos?

Empresas de diversos sectores se enfrentan hoy a dilemas similares. Para trazar el camino que se ha de seguir, resulta útil evaluar el valor fundamental que tu empresa proporciona a tus clientes. ¿Qué aspectos de la empresa valoran más los clientes? En muchos sectores, las decisiones de compra de los consumidores se ven afectadas por un número concreto de factores clave. En el negocio de la restauración, las decisiones de los clientes dependen en gran medida de un puñado de factores sencillos: variedad, precio, sabor y experiencia en la realización del pedido.

Como cadena de pizzerías, es improbable que Domino's ofrezca la misma amplitud de opciones que las plataformas de reparto de comida, que incluyen ofertas de múltiples restaurantes. En cuanto al precio, Domino's también tiene dificultades para competir con las plataformas de reparto que ofrecen importantes ofertas a los clientes para estimular el crecimiento (al menos hasta que establecen cierto dominio del mercado). En cuanto al sabor, Domino's, a pesar de su popularidad, no siempre ha tenido la mejor reputación por la calidad de sus pizzas. De hecho, antes de 2008, había recurrido durante mucho tiempo a la misma elaboración y se vio obligada a modificarla tras las quejas recurrentes de los clientes sobre el supuesto sabor a cartón de su masa de pizza.[1]

Históricamente, la principal ventaja competitiva de Domino's ha sido la experiencia ofrecida en la realización de pedidos. Desde hace más de cincuenta años es conocida por hacer sus propias entregas. En los primeros tiempos de la empresa, los repartidores utilizaban coches de Domino's con el logo corporativo, mientras que en la actualidad cada vez son más los conductores que utilizan sus propios vehículos. En 1984, Domino's anunció la garantía «Entrega antes de 30 minutos, o gratis», que impulsó su rápido crecimiento. En la década de 1980, la que había sido hasta entonces una pequeña cadena había crecido hasta los cinco mil establecimientos antes de que terminara la década.

Sin embargo, la trayectoria de Domino's fue volviéndose cada vez más irregular antes de la era digital. En 1993, tras varios acuerdos extrajudiciales por demandas millonarias derivadas de accidentes de tráfico en los que se vieron implicados sus conductores, Domino's suspendió su garantía de reparto.[2] Aunque su servicio de reparto mantuvo a flote a la empresa, la competencia fue acortando distancias poco a poco. Domino's tocó fondo en 2008, marcado por las escasas ventas, la caída en picado del precio de sus acciones y las continuas críticas al sabor de sus pizzas.

La llegada de la tecnología digital brindó a la empresa de Ann Arbor (Michigan) nuevas oportunidades para mejorar su capacidad de servir pedidos, que la empresa supo aprovechar. En 2008, Domino's presentó un sistema de pedidos en línea que incorporaba un rastreador de pizzas que permitía a los clientes seguir el estado de sus pedidos en tiempo real.[3] Aunque muchos consideraron que la aplicación era un truco de marketing, tuvo un profundo impacto en el negocio.

Desde el punto de vista del consumidor, la aplicación hacía más transparente el proceso de preparación y entrega de la pizza. Básicamente, Domino's permitía a los clientes conocer todos los detalles de su pedido. Desde el momento en que se lanzaba, los clientes podían seguir el progreso de la pizza: sabían cuándo se metía en el horno, cuándo se empaquetaba, cuándo salía de la tienda y cuánto faltaba para que llegara a casa del cliente. Con la promesa de una precisión de hasta cuarenta segundos, la aplicación redujo significativamente la anticipación y la ansiedad asociadas a la espera de los pedidos, reforzando así la satisfacción y la confianza de los clientes.[4] Desde el punto de vista operativo, la aplicación de seguimiento exigió una renovación de los sistemas de la empresa para recopilar datos en tiempo real sobre las pizzas y la actuación de los empleados, lo que permitió medir la productividad de los empleados con mayor detalle. Las plataformas de reparto de comida no pueden replicar este nivel de transparencia, ya que carecen de visibilidad sobre las operaciones de los restaurantes con los que se asocian.

Domino's también aprovechó las tecnologías digitales para mejorar el proceso de pedido y transformar su enfoque omnicanal. Los análisis indican que el proceso de pedido digital de Domino's permite unas treinta y cuatro millones de formas diferentes de personalizar la pizza.[5] Esta flexibilidad ayuda a satisfacer el paladar de los clientes, ampliando la carta de sabores clásicos. La aplicación autónoma Zero Click de Domino's simplifica la realización de nuevos pedidos al permitir a los usuarios guardar sus pizzas favoritas para poder pedirlas fácilmente en el futuro. Tras una cuenta atrás de diez segundos, los pedidos se realizan de forma automática, sin necesidad de pulsar, deslizar o tocar nada. En la actualidad, los clientes pueden hacer pedidos a través de más de quince canales: *chatbots*, Facebook Messenger, tuiteando un emoji de pizza en X/Twitter, asistentes de voz, como Amazon Alexa y Google Home, además de por teléfono, la página web y las aplicaciones móviles.

Dennis Maloney, antiguo director digital de la empresa, definió Domino's como un servicio «experto en entregas». «Si todo el mundo se hiciera experto, tendríamos que idear otras formas de distinguirnos», comentó en una entrevista en 2017.[6] La empresa hizo una incursión en el reparto con drones y lo probó en el Reino Unido en 2013.[7] Ese año, el entonces director ejecutivo Patrick Doyle convirtió la división de informática en el mayor departamento de Domino's en la sede central.[8] La última innovación de la empresa en materia de reparto supuso una asociación con el desarrollador de robótica Nuro, que facilitó el reparto autónomo de pizza mediante robots terrestres en la ciudad de Houston.[9]

Para reforzar aún más su capacidad de entrega, Domino's abrió más tiendas cerca de los clientes, lo que redujo así el tiempo de entrega y garantizó una mayor proporción de pizzas recién hechas en el momento de la entrega. Entre 2015 y 2020, se abrieron casi mil doscientos nuevos restaurantes en Estados Unidos y solo se cerraron ochenta.[10] Las plataformas de reparto de comida no pudieron replicar esta propuesta de valor, ya que no son propietarias de los restaurantes con los que se asocian. De hecho, muchas plataformas de reparto adoptaron el enfoque opuesto: ampliaron su radio de entrega para dar cabida a más clientes, lo que hizo que su plataforma fuera más atractiva para los restaurantes, pero inevitablemente alargó los plazos de entrega.

Domino's, con su amplia experiencia en reparto, se resistió a asociarse con plataformas de reparto de comida tanto antes como durante la pandemia, a diferencia de sus competidores, como Pizza Hut y Papa Johns, que no tardaron en hacerlo. Solo recientemente Domino's ha empezado a colaborar con Uber Eats. Sin embargo, a diferencia de muchos restaurantes de la plataforma Uber, Domino's seguirá utilizando su propio personal para el reparto de pizzas, en lugar de depender de los conductores de Uber Eats.[11] Al concentrarse en su fortaleza relativa al cumplimiento de pedidos y aprovechar las tecnologías digitales para potenciar esta fortaleza, Domino's se recuperó con éxito de su punto más bajo de 2008.

Sephora, una empresa centrada en la personalización

Al igual que Domino's, Sephora —la multinacional francesa proveedora de productos de belleza y cuidado personal— también se ha enfrentado a los gigantes tecnológicos y ha optado por redoblar su apuesta por la personalización a través de la innovación digital. La empresa, fundada en 1970 y considerada como la superviviente del «apocalipsis minorista» que ha supuesto Amazon, no solo ha prosperado en su presencia física como minorista, sino que también ha trasladado su fuerza a la personalización en el mundo digital.[12]

La personalización siempre ha sido importante en el sector de la belleza, ya que el maquillaje o el buen cuidado de la piel para un cliente —mujeres en su mayoría— rara vez son apropiados para otro. Sephora fue pionera, para los cosméticos, en el concepto de «probar antes de comprar», una innovación que se ha extendido por todo el sector minorista de la belleza. En sus tiendas físicas, los empleados de Sephora, conocidos como asesores de belleza, ofrecen a las clientas sugerencias sobre los productos que mejor se adaptan a sus necesidades. También ofrece maquillajes personalizados y clases en grupo.

Sin embargo, con el crecimiento de la venta de productos de belleza en línea, impulsado por la llegada de internet, el auge del marketing en redes sociales y unos consumidores cada vez más sofisticados, las empresas nativas digitales suponen una amenaza para Sephora. Ya en 2013, Amazon entró en el sector de la belleza con productos de calidad, una categoría que, a través del valor y el lujo, incluye fragancias, productos para el cuidado de la piel y cosméticos de precio más elevado que los que se venden en farmacias, pero menor que el de las marcas de gama alta. Ha rediseñado una nueva interfaz para el consumidor que se parece a la de otros minoristas de prestigio. Los clientes pueden encontrar lanzamientos de productos exclusivos, artículos destacados, selecciones de los expertos, imágenes elegantes, logotipos de marca destacados y una comercialización de categorías similar a la que se encuentra en sephora.com. En marzo de 2016, Amazon añadió un programa de estilo de vida llamado «Style Code Live», que ofrecía consejos de belleza, trucos y un chat interactivo en directo.[13] El objetivo de Amazon Beauty era sencillo:

ofrecer a los consumidores la misma selección que otros minoristas de belleza.[14]

En respuesta, Sephora ha innovado para mejorar las experiencias de compra personalizadas de sus clientes mediante el despliegue de tecnologías digitales en la web, el móvil y las tiendas físicas. Una de las primeras herramientas digitales que introdujo fue la aplicación Pocket Contour, en la que los usuarios —en su mayoría, mujeres— pueden subir fotos de su rostro para obtener instrucciones paso a paso sobre el contorneado facial mediante sombreado e iluminación. A continuación, los usuarios reciben recomendaciones de productos.

Otra innovación de Sephora fue su aplicación Virtual Artist. Esta ofrece maquillaje virtual, «una biblioteca infinita de sombras de ojos, colores de lápiz de labios e incluso pestañas postizas para encontrar el tono perfecto y perfeccionar los labios sin necesidad de pisar una tienda».[15] La aplicación, potenciada por tecnología de reconocimiento facial e inteligencia artificial, ayuda a las clientas a probar productos de manera digital y distintos tonos de maquillaje después de escanear su rostro. Si el *look* simulado convence, las clientas pueden comprar los productos rápida y fácilmente, sin necesidad de salir de la aplicación. Aplicaciones como esta simplifican la experiencia de compra de cosméticos desde casa, evitando tocar y probar físicamente los productos en la tienda antes de comprarlos.

Sephora dio un paso más para ampliar la personalización: de las aplicaciones digitales a la creación de comunidades en línea. En 2017, lanzó una nueva plataforma social Beauty Insider Community, que más tarde se convirtió en uno de los mayores foros de belleza en línea del mundo. Las compradoras se relacionan con expertas en belleza afines, mientras que las entusiastas y las novatas se reúnen virtualmente, hacen preguntas, comparten ideas de maquillaje y se conectan a través de la plataforma. A diferencia de las reseñas de Amazon, que ofrecen opiniones limitadas y a veces de dudoso contenido, la comunidad interactiva se diseñó para clientas que buscan un nivel más profundo de conexión con la belleza e inspiración por parte de aquellas en cuyas preferencias y conocimientos confían.

A medida que aumentaba el número de clientas que compraban a través de los distintos canales, Sephora se centró en combinar las experiencias en línea y en tienda para obtener una visión más clara de los comportamientos de las clientas. Al igual que Domino's, el minorista de belleza también adoptó una estrategia omnicanal combinando equipos en línea y en tienda para crear un departamento *omniretail*. Con esta estrategia, Sephora fusionó los datos de perfil de las clientas en línea y en tienda para ayudarles a tomar mejores decisiones de compra, impulsando así las ventas.

Sephora no ha tardado en adoptar tecnologías de rastreo, como el sistema RFID (identificación por radiofrecuencia) y balizas que se conectan a los dispositivos móviles de las compradoras en la tienda y las guían hasta sus opciones de compra en los estantes. Las clientas pueden escanear cualquier producto con la aplicación de Sephora para consultar los comentarios y las valoraciones en línea. La aplicación proporciona acceso al historial de compras, búsquedas y listas de deseos. También gestiona las tarjetas de fidelización escaneables o tarjetas regalo guardadas, lo que reduce el tiempo de compra.

Mientras muchas marcas minoristas se esforzaban por crear nuevos puntos de interacción con los clientes para reforzar su negocio durante la pandemia, Sephora trasladó eficazmente las interacciones personalizadas en tienda a las interacciones en línea, que resultan igual de satisfactorias. A pesar del cierre de muchas tiendas por la pandemia, la empresa disfrutó de un 2020 rentable, con unas ventas en línea que batieron récords en todo el mundo. La empresa ha encabezado el Índice Anual de Personalización de Minoristas de Sailthru, proveedor líder de marketing por correo electrónico y automatización del marketing, que clasifica anualmente cien marcas minoristas desde que se lanzó la encuesta por primera vez, en 2017.[16] Este reconocimiento demuestra el éxito de la empresa en su proceder tanto en persona como en el mundo virtual y proporciona un ejemplo brillante para otras empresas que establecen una posición de mercado que los gigantes tecnológicos encuentran difícil de rivalizar.

APRENDIZ DE MUCHO, MAESTRO DE NADA

Siempre se incide en la importancia de una rápida adaptación en respuesta a la competencia. Sin embargo, ser ágil no garantiza el éxito. De hecho, estar muy al tanto de las tendencias del mercado o copiar a los gigantes tecnológicos a veces puede resultar fatal.

Tomemos como ejemplo la caída del conglomerado minorista chino Suning Holdings Group. Fundada en 1990, la empresa comenzó con una tienda de 2.153 metros cuadrados que vendía aparatos de aire acondicionado y creció hasta convertirse en el minorista de electrodomésticos dominante en China, con una cuota de mercado del 22,6 %.[17]

Con muchas oportunidades por el auge de las tecnologías digitales, Suning inició una ambiciosa expansión. Su fundador, Zhang Jindong, estableció, en un discurso pronunciado en la Universidad de Stanford en 2013, el objetivo de convertirse en «una combinación de Walmart y Amazon, pero en China». Suning entró en casi todos los sectores clave del país asiático, donde gigantes tecnológicos como Alibaba ya estaban presentes. Con el paso de los años, Suning pasó de ser un minorista de electrodomésticos a un grupo en expansión que abarcó sectores como el comercio electrónico, las finanzas, los deportes y el entretenimiento.

La web de la empresa, suning.com, pasó de vender electrodomésticos a muchos otros productos. La compañía estableció su unidad financiera en mayo de 2015, unos meses después de que Alibaba creara su brazo *fintech*, Ant Financial (que más tarde se convirtió en Ant Group), en 2014.[18] Mientras que el fundador de Alibaba, Jack Ma, compró la mitad del club de fútbol más exitoso —por entonces— de China, el Guangzhou Evergrande, por 1.200 millones de yuanes (192 millones de dólares) en junio de 2014, Suning adquirió al año siguiente otro club de fútbol chino por 523 millones de yuanes (83,2 millones de dólares) y una participación mayoritaria del club de fútbol italiano Inter de Milán por 270 millones de euros (322 millones de dólares) en 2016.[19] Estos movimientos permitieron a Suning equipararse a sus competidores y acceder al mercado de salud y estilo de vida.

Durante el período 2015-2019, la inversión total de la empresa alcanzó los 71.600 millones de yuanes (10.700 millones de dólares), con grandes expectativas de poder aprovechar nuevos negocios para impulsar el tráfico de su negocio minorista principal.[20] Sin embargo, Suning pronto descubrió que algunos de sus nuevos negocios demandaban altos niveles de liquidez, lo que obligaba a la compañía a subvencionarlos con flujos de caja de su negocio minorista. En este sentido, realizó una importante inversión en derechos de retransmisión de partidos de la liga de fútbol europea, que se emiten en su sistema de canales, una plataforma de *streaming* adquirida en 2013.[21] En el espacio del comercio electrónico, la cuota de mercado de Suning se redujo a tan solo el 1,7 % en 2020, en comparación con la cuota de mercado combinada del 73 % de los dos líderes del mercado en China, Alibaba y jd.com.[22]

Los problemas financieros acabaron golpeando duramente a Suning en 2021, después de que su negocio minorista de venta física se viera gravemente afectado por la pandemia. La deuda de la empresa había ascendido a más de 6.600 millones de dólares, de los cuales dos tercios eran el resultado de obligaciones a corto plazo a partir del tercer trimestre de 2020. El titán digital Alibaba se unió a un consorcio local dirigido por el Gobierno para rescatar a Suning por valor de 1.360 millones de dólares en julio de 2021.[23] El plan de rescate también le costó al presidente Zhang el control y la dirección de la empresa que había fundado 31 años atrás, lo que marcó oficialmente el fin de la era Suning en el sector minorista chino.

Al igual que Suning, numerosas empresas creen que necesitan diversificar sus negocios al estilo de los gigantes tecnológicos para prosperar en la era digital. Se ponen como ejemplo la trayectoria de Amazon: comenzó con la venta de libros en línea, se expandió a una gama más amplia de productos y, finalmente, desarrolló diversos sectores, como una plataforma de *streaming*, Amazon Web Services, dispositivos de *hardware* —como Kindle y Amazon Echo— o tiendas físicas de comestibles, entre otros. Del mismo modo, Google, inicialmente un motor de búsqueda, amplió sus negocios tanto en línea como en el entorno físico, desde el *software* hasta el *hardware*. El crecimiento rápido y exponencial de estas superpotencias digitales podría sugerir que la clave del éxito en la era digital reside en la rápida expansión del alcance.

Sin embargo, estos gigantes de la tecnología se aventuraron en nuevos territorios solo después de construir sólidas defensas en torno a sus negocios principales: Amazon en el comercio electrónico y Google con una cuota de mercado de motores de búsqueda de más del 70 % en numerosos países. Las empresas tradicionales no deben subestimar la necesidad vital de fortalecer sus puntos fuertes para garantizar que sus negocios principales puedan resistir la embestida de los gigantes tecnológicos. Aventurarse en nuevos territorios suele exigir importantes inversiones iniciales y a menudo se tarda tiempo en obtener beneficios significativos que puedan repercutir positivamente en los resultados. Sin defensas sólidas que permitan proteger y desarrollar los negocios ya existentes, podría perderse terreno a gran velocidad frente a los recién llegados. Acuciada por la interrupción de las actividades principales y con un rendimiento insuficiente de los nuevos proyectos, tu empresa podría enfrentarse rápidamente a dificultades financieras.

Reflexionando sobre el ejemplo de Sephora, el minorista de belleza podría haber intentado expandirse abriéndose a sectores como la ropa o la joyería después de atraer a una importante base de usuarias de los productos de belleza de primera calidad, una estrategia que muchos podrían recomendar. Dar prioridad a la diversificación podría ser arriesgado si estas nuevas iniciativas no mejoran sustancialmente la fortaleza de Sephora en términos de personalización. Por ello, Sephora optó por concentrarse en potenciar la personalización dentro del mercado de la belleza.

¿CÓMO IDENTIFICAR LA FUERZA ADECUADA PARA AMPLIAR?

Las empresas tradicionales se basan en una amplia gama de capacidades, lo que naturalmente plantea la siguiente pregunta: ¿qué puntos fuertes se deben potenciar? Para responder a esta pregunta, es necesario analizar cada actividad clave de la empresa y evaluar su relevancia en el panorama actual.

Uno de nosotros, antes de incorporarse a la Harvard Business School, trabajó en el sector de los medios de comunicación y encarna un ejemplo de cómo las empresas se han adaptado a la rápida evolución del entorno digital. Los medios de comunicación impresos, sobre todo los periódicos, solían considerarse una industria en declive debido a la rápida y decisiva progresión de la tecnología.

Para ilustrarlo, analicemos y desglosemos primero el modelo del negocio tradicional de los periódicos. Antiguamente, la creación de valor de este tipo de empresas se centraba en la creación de contenidos, los servicios de impresión y una amplia red de reparto; los lectores, a su vez, permitían que los periódicos contaran con espacios publicitarios (figura 1.1). Cuando la tecnología debilitó el anterior modelo de negocio de los periódicos impresos, la generación de contenidos y la captación de publicidad siguieron siendo las principales actividades de creación de valor en la era digital.

Sin embargo, el crecimiento de la publicidad dirigida, la monetización de los contenidos, las redes de afiliación y los datos de los usua-

Figura 1.1

Evolución de las actividades de creación de valor de un periódico

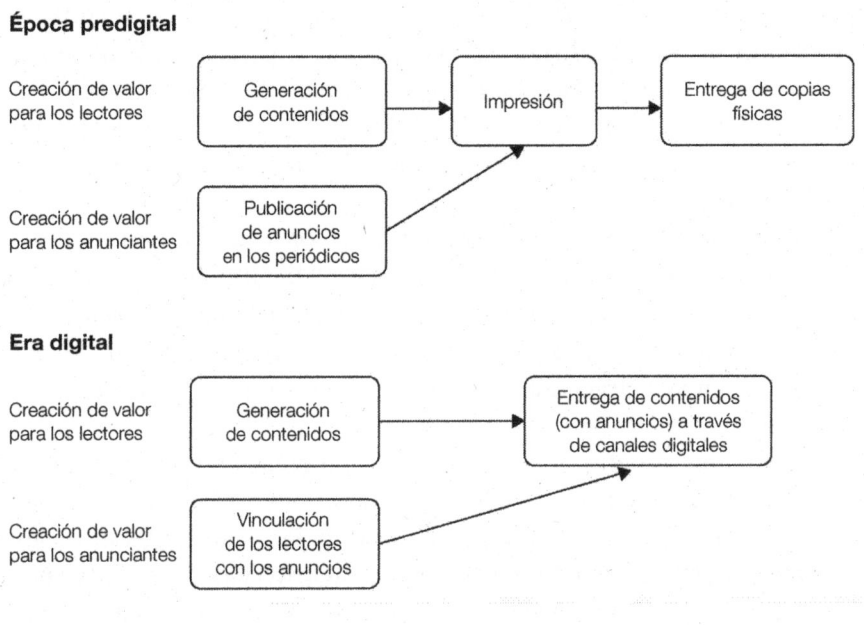

Época predigital

Creación de valor para los lectores → Generación de contenidos → Impresión → Entrega de copias físicas

Creación de valor para los anunciantes → Publicación de anuncios en los periódicos

Era digital

Creación de valor para los lectores → Generación de contenidos → Entrega de contenidos (con anuncios) a través de canales digitales

Creación de valor para los anunciantes → Vinculación de los lectores con los anuncios

rios, impulsados por titanes tecnológicos como Google y Facebook, han hecho mucho menos atractivo el espacio publicitario en los periódicos.

Además, webs como Craigslist, que ofrecen servicios gratuitos de anuncios clasificados, han reducido de forma significativa la necesidad de publicarlos en un periódico. En última instancia, la creación de contenidos ha surgido como la actividad clave de creación de valor para que los periódicos fortalezcan su ventaja competitiva y se distingan de otros actores digitales: los contenidos de gran calidad ayudan a atraer y retener a más anunciantes.

The New York Times puede dividir a la opinión pública, pero incluso las personas que no están de acuerdo con su postura editorial deben reconocer que ese periódico, con sus casi 180 años de antigüedad, ha sido capaz de realizar una transición estratégica a la era digital. Sigue creciendo, en lugar de ralentizarse, y superó los diez millones de suscripciones de pago en 2023.[24]

Este crecimiento se vio impulsado en parte por los lectores que buscaban fuentes de noticias fiables durante la pandemia.[25] Nacido mucho antes de la era digital, *The New York Times* apostó por la demanda de los lectores de un periodismo de alta calidad, original e independiente, una rareza en medio del auge de las redes sociales. A medida que se hacía más difícil obtener valor de la publicidad, el periódico impuso el pago por suscripción ya en 2011. Con una redacción formada por mil setecientas personas y una fuerte presencia de información internacional, en 2015 estableció su estrategia de *digital-first, subscription-first* (esto es, como publicación orientada a la suscripción).[26] Incluso dio fin en 2023 a su sección de deportes para centrarse en noticias de «mayor impacto».[27] El círculo virtuoso es el siguiente: cuanto más contenido único tiene, más suscripciones atrae y, por tanto, más inversión podrá hacer en los contenidos.

La estrategia digital dio sus frutos. Sus ingresos por suscripciones —solo digitales— superaron a los de la prensa escrita por primera vez en 2020 (figura 1.2). Los ingresos por suscripciones, de 1.400 millones de dólares, representaron dos tercios de los ingresos totales, de 2.000 millones de dólares, lo que hizo de 2021 el primer año en que superaban la barrera de 2.000 millones de dólares desde 2012. En 2022, la versión digital contaba con cerca de 8,8 millones de suscriptores, frente a unos 700.000 del periódico impreso.[28]

Un ejemplo similar lo encontramos en IKEA, el mayor minorista de muebles del mundo, conocido por sus tiendas físicas desde su fundación en 1943.[29] Sus tiendas funcionaban como una combinación de salas de exposición, puntos de venta al por menor y puntos de recogida inmediata.

Las tiendas de la marca sueca también disponen de restaurantes y guarderías pensadas para mejorar la experiencia de compra y ofrecer a los clientes tiempo libre para explorar. La empresa es conocida por proporcionar lápices y cintas métricas de papel gratis para que los clientes midan los muebles por sí mismos dentro de las tiendas. Para muchos, ir a IKEA es sinónimo de diversión para toda la familia. Sin embargo, durante la pandemia, ese valor disminuyó considerablemente. El auge de Amazon y otros minoristas de comercio electrónico de muebles, como Wayfair, redujo aún más el valor de IKEA como minorista en Estados Unidos.

Figura 1.2

Ingresos por suscripciones a *The New York Times* (en millones de dólares)

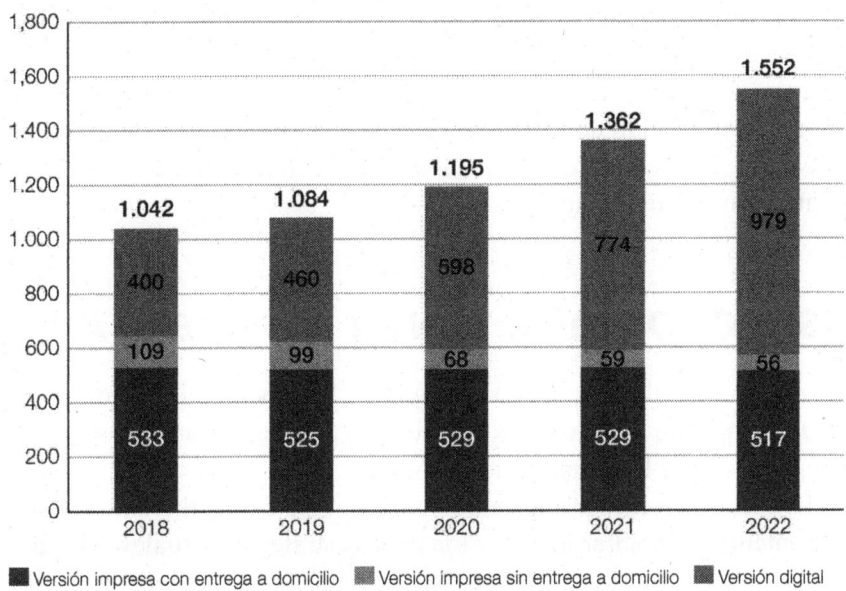

FUENTE: Datos de New York Times Company, informe anual de 2022, https://nytco-assets.nytimes.com/2023/03/The-New-York-Times-Company-2022-Annual-Report.pdf.

NOTA: La versión impresa con entrega a domicilio incluye el acceso a algunos productos digitales; la versión impresa sin entrega a domicilio incluye el ejemplar en papel, *The New York Times International* y otros ingresos por suscripciones.

En respuesta, la empresa reconoció que el valor de exponer las mercancías seguía siendo relevante en la era digital. Con este objetivo, aprovechó la inteligencia artificial (IA) para ofrecer a los clientes una experiencia mejorada de visualización virtual del hogar. Adquirió la *startup* de imágenes de IA Geomagical Labs en 2019. De manera similar a la función de los lápices y cintas, pero en un entorno virtual, la tecnología de IA ayudó a los clientes a elegir y perfeccionar los diseños del hogar a través de teléfonos móviles, escaneando y transformando habitaciones en modelos 3D y permitiendo a los clientes visualizar los productos de la empresa. Las herramientas reflejaban las experiencias de compra en las tiendas físicas.[30]

Además, IKEA potenció su función de recogida instantánea lanzando servicios de recogida en tienda (*click & collect*) sin contacto que permitían hacer pedidos a través de su aplicación y recoger los productos sin interacción alguna con los empleados. Haciendo hincapié en sus puntos fuertes y empleando de forma creativa las tecnologías digitales para potenciarlos, IKEA se esforzó por salvaguardar su posición en el mercado frente a sus rivales tecnológicos.

ASPECTOS QUE TENER EN CUENTA

En este capítulo hemos hecho hincapié en la importancia de reforzar el potencial propio utilizando las tecnologías digitales para competir eficazmente contra los gigantes tecnológicos.

Es esencial recordar que aumentar la ventaja competitiva no consiste únicamente en mejorar la ejecución de las estrategias actuales. Más bien implica aprovechar la tecnología, la innovación en el modelo de negocio y otras oportunidades emergentes para redefinir la empresa. Por ejemplo, los fabricantes de coches de lujo como Ferrari deberían plantearse cómo utilizar la tecnología no solo para una producción más eficiente, sino también para mejorar la experiencia de lujo de los compradores de automóviles de una manera que los gigantes tecnológicos no puedan replicar.

Aumentar la ventaja competitiva tampoco significa que se deba evitar la diversificación. Por ejemplo, las pruebas de entrega autónoma de Domino's, si tienen éxito, tienen el potencial de escalar en el seno de la compañía o dar forma a una empresa diferenciada de entrega para otros restaurantes.

Disney, por ejemplo, se fundó mucho antes de la era digital, pero ha empleado la tecnología para cautivar y atraer a los clientes más allá de la producción de películas: se ha extendido a parques temáticos y tiendas físicas. Desde su creación en 1923, la compañía se ha expandido en negocios estrechamente alineados con la fuerza central de la empresa —su capacidad de narración sin igual—, tanto en pantalla como en persona, y con los derechos de propiedad intelectual de miles de personajes y películas. Para competir con gigantes tecnológicos como Amazon y Netflix, Disney abandonó su estrategia de licencias, recuperó el control de sus propios contenidos y lanzó la plataforma de contenido en *streaming* Disney+ en 2019.[31]

Disney+ ofrece películas y vídeos de Pixar, Marvel y 21st Century Fox gracias a una serie de adquisiciones que en su momento pudieron parecer caras. Aunque la biblioteca de contenidos de la plataforma es considerablemente menor que la de rivales como Netflix o Amazon, sus puntos fuertes residen en la calidad por encima de la cantidad y en una serie de contenidos siempre disponibles. El servicio directo al consumidor permite a la empresa controlar mejor la experiencia de sus clientes y reforzar su reputación como forma de entretenimiento familiar de alta calidad. En el trimestre fiscal que finalizó el 30 de septiembre de 2023, Disney+ había superado los 150 millones de abonados.[32]

A medida que las empresas se esfuerzan activamente por ampliar su fuerza en la era digital, pueden surgir de forma natural numerosas y atractivas oportunidades de diversificación. En capítulos siguientes, ilustraremos estas oportunidades con más ejemplos.

2
Céntrate en el cliente

Siempre hemos querido ser la empresa
más centrada en el cliente.
No cambiaremos de enfoque.
—**Jeff Bezos**

A menudo se considera que las tiendas físicas son una reliquia del pasado del comercio minorista y no su futuro. Sin embargo, un fabricante de zapatos chino no está de acuerdo con esta idea.

Este minorista, que recopilaba datos sobre el número de zapatos que se probaban las clientas en sus tiendas, insertó chips inteligentes en el calzado que vendía. De forma sorprendente, los datos revelaron que el tipo de zapato que más se probaba la clientela no encabezaba las listas de ventas. Al rediseñar los cordones, que eran excesivamente largos, la tasa de compras de este tipo de calzado se disparó del 3 % al 20 %. Además, el minorista instaló escáneres de pies en 3D en más de mil de sus puntos de venta en toda China para que las clientas pudieran medirse los pies de forma gratuita. Treinta segundos después de que la persona pisara el escáner, obtenía una medición y una recomendación de calzado personalizada.[1]

Belle es el principal minorista de calzado femenino de China por ingresos. Al igual que muchas empresas tradicionales, la compañía, fundada en 1992, se enfrentaba a la escasez de datos de clientes para orientar las mejoras de los productos y aumentar la satisfacción de su clientela.[2] En 2021, la compañía había acumulado datos sobre la forma de los pies de unos cuatro millones de personas, la base de datos más amplia de este tipo en China.

A diferencia de los gigantes tecnológicos, como Alibaba, que recomiendan productos basándose en los comentarios y el historial de compras de los clientes, el método de recopilación de datos de Belle lleva su sistema de recomendación más allá de las preferencias de estilo y precio: el ajuste y la comodidad son dos elementos importantes que suelen ser difíciles de captar en una interacción en línea. El método también ayudó a la empresa a acortar su tiempo de investigación y desarrollo, así como a ofrecer a las clientas mejores opciones, especialmente a aquellas con tallas de pie menos comunes.[3] La experiencia de Belle demuestra que las empresas tradicionales pueden idear sus propios enfoques para recopilar datos que los gigantes tecnológicos no pueden imitar fácilmente e impulsar su orientación al cliente en la era digital.

LOS GIGANTES TECNOLÓGICOS SE CENTRAN EN EL CLIENTE

La noción de centrarse en el cliente se popularizó mucho antes de la llegada de los gigantes tecnológicos. Ya en 1954, Peter Drucker, a menudo considerado el fundador del *management* moderno, afirmaba en su libro *La práctica del management* que «es el cliente quien determina lo que es una empresa, lo que produce y si prosperará».[4] En el sector servicios, el mantra «el cliente siempre tiene razón» se ha adoptado ampliamente desde principios del siglo XX.[5] Variaciones de este lema en otras lenguas, como en alemán y japonés, equiparaban al cliente con un rey o un dios.

Hoy en día, con el inicio de la digitalización, los datos se han convertido en un activo fundamental para impulsar la orientación al cliente. Los gigantes tecnológicos suelen ser aclamados por llevar al máximo la estrategia de centrarse en el cliente. Pensemos en el motor de búsqueda de Google: cada búsqueda de un usuario y su posterior clic en un enlace concreto de entre los resultados mostrados ayuda a perfeccionar el algoritmo de búsqueda, atrayendo a más usuarios y clientes. Este ciclo de autorrefuerzo, conocido como «efectos de red de datos» o «volante de datos» (figura 2.1), cuando es lo suficientemente fuerte, puede hacer que el negocio resulte muy atractivo, dando lugar a una dinámica de «el ganador se lo lleva todo», o casi todo. Los sistemas de recomendación

Figura 2.1

Volante de datos

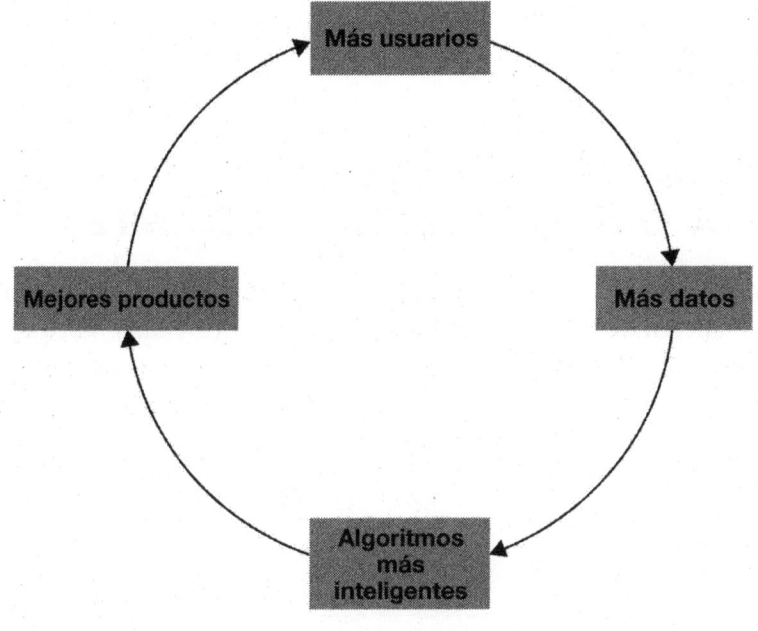

de Amazon y Netflix, junto con muchos grandes modelos lingüísticos actuales, también se aprovechan de estos efectos de red de datos. Cuantos más clientes utilicen el servicio, mejores serán las recomendaciones o los resultados que ofrecen los proveedores de servicios, y viceversa. Netflix incluso emplea conocimientos de datos para producir películas, desafiando directamente a Hollywood.

Muchos espectadores encuentran los originales de Netflix más interesantes que las producciones tradicionales de Hollywood. Sin la misma capacidad de recopilación de datos y procesamiento de algoritmos, la mayoría de las empresas tradicionales temen perder clientes en favor de sus rivales tecnológicos. A pesar de sus considerables inversiones en canales digitales y sus intentos de recopilar y analizar datos como los gigantes tecnológicos, a menudo se encuentran cada vez más rezagadas debido al crecimiento exponencial de estos gigantes. De hecho, cada vez son más las tiendas físicas que han cerrado o están a punto de hacerlo. Al mismo tiempo, al igual que Belle, en lugar de limitarse a imitar a las grandes empresas tecnológicas, muchas empresas tradicionales también han encontrado sus recetas secretas y abordan la recopilación de datos a su manera para impulsar la centralización en el cliente.

LOS CUATRO PILARES DE LA ORIENTACIÓN AL CLIENTE

La orientación al cliente se basa en cuatro pilares: mejora del producto, simplificación del recorrido del cliente, personalización y satisfacción de las necesidades reales del cliente (figura 2.2). En este capítulo analizamos las estrategias que las empresas tradicionales pueden emplear para superar la escasez de datos en cada uno de ellos.

Figura 2.2

Los cuatro pilares de la orientación al cliente

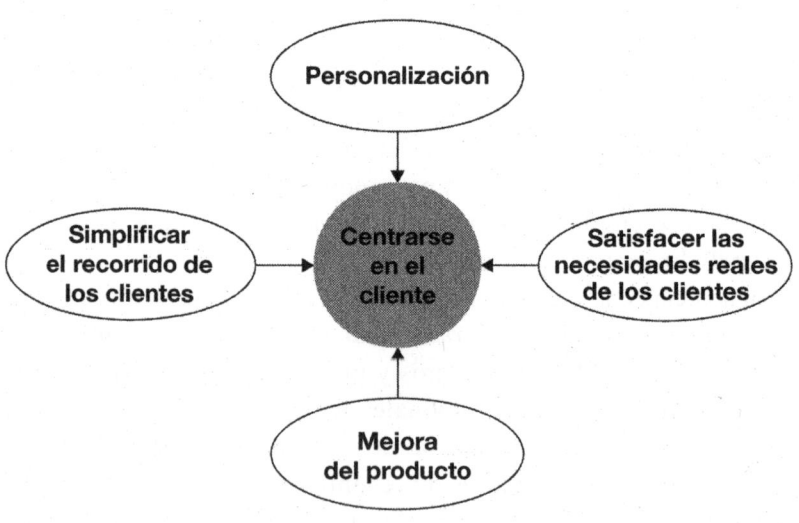

Mejora del producto

Para centrarse en el cliente, las empresas deben impulsar el diseño y la mejora de sus productos basándose en la información de los consumidores. Los gigantes tecnológicos mejoran sus ofertas mediante el seguimiento en tiempo real de los flujos de datos de los clientes.

Las empresas tradicionales pueden no tener el mismo nivel de acceso a los datos en sus canales digitales, pero a menudo pueden, de forma similar a la estrategia de Belle, utilizar sus canales *offline* para complementar los digitales y obtener información útil. Este doble enfoque puede proporcionar información esencial para mejorar sus productos o servicios.

Coca-Cola: aprovechar los datos *offline* para desarrollar productos. Coca-Cola, el productor mundial de bebidas con más de 130 años de historia, era la marca más fuerte del mundo entre todas las no tecnológicas en 2023, por detrás de cinco gigantes tecnológicos: Apple, Google, Microsoft, Amazon y Facebook.[6] Para impulsar su reconocimiento de marca, además de aprovechar los canales en línea, Coca-Cola mejoró su oferta de productos a través de los datos de los clientes recogidos de las interacciones no digitales.

En sus operaciones *offline*, Coca-Cola suele interactuar directamente con distribuidores y minoristas. Sin embargo, la empresa ha identificado una conexión directa con el consumidor a través de sus fuentes de refrescos Freestyle, de tipo autoservicio. En 2017, tras analizar los datos en tiempo real obtenidos de esas fuentes, Coca-Cola introdujo de manera permanente Cherry Sprite como nuevo sabor. Estas fuentes con pantalla táctil dispensan más de cien sabores diferentes, lo que permite a los clientes mezclarlos en su aplicación y obtenerlos en la máquina.[7] Estudiar cómo interactúan los clientes con estas fuentes proporciona a Coca-Cola información valiosa sobre sus preferencias y tendencias, lo que hace que sus nuevas ofertas tengan más éxito.

Para facilitar más interacciones como esta, en 2019 Coca-Cola inició su primer concurso «Haz tu mezcla», animando a los usuarios a personalizar sus bebidas. A continuación, se votaron las mezclas más populares de entre las que los concursantes habían publicado en las redes sociales.[8] Estos esfuerzos de recopilación de datos representan un beneficio para Coca-Cola y sus clientes. A menudo, a los clientes les resulta gratificante contribuir al desarrollo de los productos que valoran, ya que les satisface su papel en la mejora o popularización de aquellos. Muchos están dispuestos a ofrecer su opinión de forma gratuita. Con la digitalización, cada vez más productos se mejoran con la tecnología del internet de las cosas (IoT, por sus siglas en inglés). Este desarrollo permite a las empresas conectar con sus consumidores a través de canales *offline* en tiempo real. Por lo tanto, las empresas tradicionales deberían utilizar este tipo de canales para implicar a los clientes en el desarrollo de productos. Emulando el enfoque de Coca-Cola, deberían facilitar la experimentación de los clientes con sus productos y sacar a resultas sus conclusiones.

Patagonia: aprovechar los datos para la sostenibilidad. Patagonia, líder mundial en prácticas empresariales responsables con el medioambiente y minorista de ropa para actividades al aire libre con ventas anuales superiores a los mil millones de dólares, aprovecha los datos de devolución de productos de los clientes para mejorar lo que venden. La diversa cartera de la compañía abarca aproximadamente mil cuatrocientos productos, entre los que se incluyen chaquetas de forro polar, camisetas informales, ropa deportiva y para actividades al aire libre de alto rendimiento, material de acampada, mochilas y trajes de neopreno.[9]

En 2017, como pionera en sostenibilidad dentro de la industria de la moda, la empresa lanzó el programa en línea Worn Wear.[10] Este programa se creó para animar a los clientes a reparar, reciclar y reutilizar sus artículos, en lugar de deshacerse de ellos y comprar otros nuevos. Los artículos en buen estado podían devolverse a cambio de crédito y estos productos usados se reparaban y revendían en la página web Worn Wear de Patagonia. Con el apoyo de más de setenta centros de reparación en todo el mundo, las instalaciones de la empresa en Reno, Nevada, reparan más de cien mil artículos al año.[11]

Los datos de este programa han sido decisivos para que Patagonia mejore la calidad de sus productos y cumpla sus objetivos de sostenibilidad. Estos datos ayudan a la empresa a controlar las actividades de reventa y la vida útil de lo que se revende. Por ejemplo, si un producto se devuelve mucho antes de su vida media —de cinco a siete años—, la compañía puede plantearse modificar el diseño del producto o interrumpir su producción.[12] Si un artículo se revende varias veces, el equipo de diseño debe estudiar y resolver posibles problemas de diseño. Con estos datos, la empresa afina sus estrategias de fabricación y venta para los próximos productos. Del mismo modo, cuando los artículos se devuelven con frecuencia para ser reparados, la empresa estudia mejoras de diseño, para así rectificar los problemas recurrentes.

Los esfuerzos de la empresa empezaron a dar fruto, ya que vendió más de 120.000 artículos reutilizados en poco más de dos años desde el inicio del programa.[13] Los consumidores no solo se sentían bien por la compra de un producto más sostenible, sino que el hecho de saber que podían devolverlo para obtener crédito también incentivaba las compras iniciales.

Como demuestran las historias de Belle, Coca-Cola y Patagonia, los datos de los clientes sobre lo que ven, compran o devuelven son valiosos tanto para las empresas tradicionales como para las más tecnológicas a la hora de mejorar sus productos. Las empresas tradicionales tienen que pensar con originalidad para identificar nuevas oportunidades de recopilación de datos que a los gigantes tecnológicos les resulten difíciles de aprovechar. Sus canales existentes podrían servir como puntos fuertes. En Estados Unidos, el comercio electrónico representó alrededor del 15 % del total del sector minorista en 2023, lo que indica que la mayoría de las transacciones seguían realizándose en tiendas físicas, el bastión de los vendedores tradicionales.[14]

Simplificar el recorrido del cliente

Aprovechando la inteligencia artificial y los datos, los gigantes tecnológicos han simplificado de manera sustancial la experiencia del cliente al hacerla más fluida. Por ejemplo, MYbank, filial del titán chino de la tecnología financiera Ant Group, es uno de los primeros bancos exclusivamente digitales del país. Es más conocido por su modelo de operación de «préstamos 310»: ofrece pequeños préstamos las veinticuatro horas del día, asegura el registro del usuario en tres minutos, la aprobación del préstamo en un segundo, y todo ello sin intervención humana.[15]

MYbank atiende principalmente a propietarios de pequeñas y medianas empresas (pymes) y agricultores, que pueden solicitar microcréditos cómodamente a través de su aplicación móvil.[16] Estos prestatarios no resultan atractivos para los bancos tradicionales porque la mayoría carece de historial crediticio. MYbank reduce el riesgo aprovechando los datos de Alipay, la plataforma de pago con monedero electrónico de su empresa matriz Ant Group, y de los sitios de comercio electrónico de

Alibaba Group, que cuentan con más de novecientos millones de usuarios y mil millones de usuarios activos anuales en China.[17]

Adoptando un enfoque basado en datos, el banco aprovecha la IA para evaluar la capacidad de pago de un prestatario.[18] Los algoritmos evalúan rápidamente los patrones de reembolso de la pyme y el historial de compras en línea del propietario, y luego establecen automáticamente los límites de crédito y las tasas de interés.[19] Estas tecnologías de gestión de riesgos ayudaron a mantener la tasa de morosidad del banco en el 1,52 %, significativamente más baja que la media nacional —del 2,99 %— para los préstamos a las pymes en junio de 2020.[20]

MYbank, que supone una amenaza para el modelo bancario tradicional, simplifica considerablemente el recorrido del cliente gracias a su acceso a datos masivos sobre cada cliente que le permiten evaluar el riesgo con eficacia y precisión (figura 2.3).

En repetidas ocasiones, observamos que la estrategia de los gigantes tecnológicos para mejorar la satisfacción del cliente no consiste tan solo en digitalizar el recorrido tradicional de este último, sino más bien en utilizar los datos disponibles y la IA para simplificarlo en gran medida. MYbank es solo un ejemplo. Numerosos titanes del comercio electrónico están empleando métodos innovadores para hacer más sencillo el recorrido del cliente a través de los datos y la IA. Por ejemplo, en el futuro panorama del comercio minorista previsto por el líder chino jd.com, si un consumidor ve un bonito bolso por la calle, podría escanearlo con la

---

Figura 2.3

El recorrido del cliente en las solicitudes de préstamo

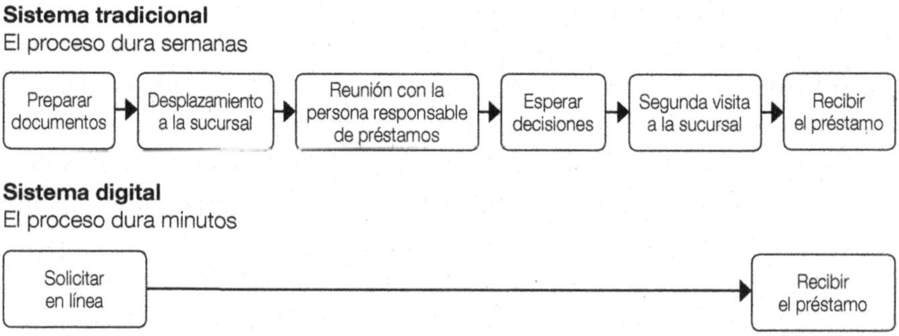

Sistema tradicional
El proceso dura semanas

| Preparar documentos | → | Desplazamiento a la sucursal | → | Reunión con la persona responsable de préstamos | → | Esperar decisiones | → | Segunda visita a la sucursal | → | Recibir el préstamo |

Sistema digital
El proceso dura minutos

| Solicitar en línea | → | Recibir el préstamo |

cámara de su teléfono (con el permiso del propietario) y una aplicación de realidad aumentada lo llevaría directamente a una tienda *online* para realizar la compra.

Las compañías tradicionales de préstamos y seguros saben desde hace tiempo que ofrecer soluciones instantáneas a sus clientes ayuda mucho a atraerlos y retenerlos. El riesgo de que los clientes potenciales sean captados por empresas de la competencia disminuye a medida que se alarga el tiempo de seguimiento. Sin embargo, esta pregunta sigue en el aire: ¿cómo pueden estas empresas ofrecer soluciones razonables en tiempo real, como los que ofrece MYbank, si no disponen de datos exhaustivos sobre sus clientes?

Ping An: IA y evaluación del comportamiento. En China, Ping An Group, una veterana compañía de seguros, recurre a la economía del comportamiento para simplificar el proceso de solicitud de préstamos de sus clientes.[21] Ping An pasó de ser una aseguradora regional con trece empleados en 1988 a un conglomerado de tecnología financiera y sanitaria con más de trescientos mil empleados y casi 1,4 millones de agentes de ventas de seguros en su momento de mayor esplendor, lo que significa que uno de cada mil de los 1.400 millones de chinos eran agentes de Ping An.

Aunque la compañía no disponía de los mismos tipos de datos que Ant Group y jd.com, desarrolló el sistema de entrevista a distancia conocido como *micro-expression remote interview* y el sistema *AI-powered sentiment* para ayudar a sus propias filiales y a otras instituciones financieras a identificar señales tempranas de comportamientos fraudulentos cuando entrevistan a clientes que solicitan préstamos.[22] El análisis en tiempo real y su enfoque en treinta y nueve acciones faciales, incluidos el parpadeo rápido y los movimientos del globo ocular, reconoce los intentos de reprimir emociones. La empresa descubrió que casi el 90 % de las decisiones de aprobación de préstamos tomadas con este sistema coincidían con las tomadas por humanos, lo que reducía los costes de mano de obra en un 40 % y evitaba muchos de los errores humanos.[23]

Numerosas empresas tradicionales, más allá del sector financiero, también han ideado estrategias innovadoras para simplificar el recorrido del cliente. En el sector hotelero, por ejemplo, los hoteles Marriott y Hilton han introducido una función de llave móvil en sus aplicaciones. Los huéspedes pueden hacer el *check-in*, abrir sus habitaciones y hacer el *check-out* utilizando solo su teléfono inteligente, evitando la tradicional visita a recepción y ahorrando mucho tiempo. Estas innovaciones animan a los viajeros a utilizar las aplicaciones hoteleras, fomentan la fidelidad y mejoran la competitividad de los hoteles frente a plataformas como Airbnb y agencias de viajes en línea como booking.com.

El gigante minorista Walmart, en su intento de competir con la experiencia de compra en línea de Amazon, también ha integrado la tecnología en varios aspectos de su recorrido de compra en la tienda. La aplicación móvil de Walmart, por ejemplo, incluye un mapa personalizado para cada una de sus tiendas, que guía a los clientes hasta los artículos que desean. Además, su tecnología Scan & Go permite a los clientes escanear artículos mientras compran y pagar a través de la aplicación, eliminando así la necesidad de hacer cola en la caja.

Volviendo al ejemplo de Domino's del capítulo 1, la aplicación independiente Zero Click de la empresa de pizzas hace que los pedidos resulten increíblemente sencillos, ya que los usuarios pueden guardar sus pizzas favoritas y personalizadas para futuros pedidos. El dato clave que Domino's pide a sus clientes es simplemente su tipo de pizza favorito. Dado que las plataformas de entrega de comida a domicilio ofrecen una gran variedad de opciones de comida, puede resultarles difícil emular la simplificación del recorrido del cliente de Domino's.

Como demuestran estos ejemplos, simplificar el recorrido del cliente va más allá de reducir el número de pasos; se trata de crear una experiencia más agradable, accesible y atractiva que ponga las necesidades y preferencias de los clientes en primer plano. Estos ejemplos también demuestran que simplificar el recorrido del cliente no siempre requiere grandes cantidades de datos, como cabría esperar. Incluso en esta era impulsada por los datos, las empresas tradicionales pueden emplear estrategias creativas para revolucionar la experiencia del cliente.

Personalización

En la era digital, las empresas tienen más oportunidades de conocer mejor a sus clientes. Al llevar la personalización al extremo, aunque muy difícil de conseguir, se pretende aprovechar la tecnología relacionada con la IA para ofrecer el producto adecuado al segmento de clientes adecuado en el momento adecuado.

En la actualidad, los mayores anunciantes digitales del mundo son Google, Facebook y Amazon, que representan más del 63 % de todo el gasto en publicidad digital, en el caso de Estados Unidos, desde 2019.[24] Pueden dirigirse a los clientes de manera eficiente basándose en una gran masa de datos. Saben dónde viven los clientes, qué compran, ven o leen, entre otras muchas más cosas. Las empresas deben pagar un peaje por utilizar sus canales para dirigirse a los clientes adecuados.[25] Por ejemplo, algunos vendedores de terceros están pagando más de 100.000 dólares al año a Amazon por su servicio de publicidad dirigida.[26]

Las empresas tradicionales tienen la posibilidad de adoptar un enfoque distinto de la personalización. En primer lugar, pueden utilizar sus propios canales para recopilar y analizar datos y mostrar ofertas personalizadas a sus clientes. En segundo lugar, su profundo conocimiento de sus productos o servicios les permite adaptar sus estrategias de personalización específicamente a cada oferta.

Coca-Cola: aprovechar al máximo los canales propios. Coca-Cola fue una de las empresas pioneras en aprovechar sus propios canales, combinados con un profundo conocimiento de sus productos, para obtener información sobre las preferencias de los clientes.

La empresa de Atlanta, con más de 1,1 millones de seguidores en la plataforma X/Twitter, 2,9 millones de seguidores en Instagram y más de 109 millones de «me gusta» en la página de Facebook de Coca-Cola, realiza un estrecho seguimiento de sus productos en las redes sociales. Con herramientas de minería de datos, la empresa no solo supervisa la eficacia de sus propias publicaciones en internet, sino que también analiza las menciones a la empresa en las publicaciones de sus consumidores. La empresa utiliza la IA para comprender cómo sus clientes —o aquellos potenciales— hablan y se relacionan con la cartera de marcas de Coca-Cola. Mediante el análisis de datos tan amplios, ha conseguido conocer la identidad, la ubicación y las preferencias de sus clientes.[27] En lugar de colocar un anuncio al azar, Coca-Cola dirige sus anuncios a aquellos clientes con mayor probabilidad de participación.

La empresa también utiliza tecnología de reconocimiento de imágenes por IA para identificar y analizar las fotos de productos propios o de sus rivales que hacen los usuarios de las redes sociales. Por ejemplo, puede detectar las imágenes en las que aparecen vasos de té o botellas de Snapple, Honest Tea o Lipton con usuarios que muestran emociones positivas en Instagram o X/Twitter. A partir de estas fotos compartidas, Coca-Cola obtiene información sobre estos amantes del té: de dónde son y cómo y por qué se menciona la marca; y, lo que es más importante, ayuda a la empresa a identificar al grupo adecuado de clientes potenciales que podrían querer probar nuevos productos de té.[28]

La empresa les envía anuncios de su propio té, Gold Peak, a través de otras cuarenta páginas web y aplicaciones móviles, ampliando el alcance de los lugares donde los clientes pueden encontrarlos; por ejemplo, al leer un artículo en *Business Insider* o consultar la aplicación AccuWeather.[29] Según Coca-Cola, el porcentaje de clics es cuatro veces superior al de cualquier otro método de publicidad orientada.[30]

Muchas empresas están asentadas sobre una mina de oro de datos públicos masivos, pero no los aprovechan. Algunas intentan utilizarlos, pero se limitan a análisis básicos, como rastrear y comparar el número de menciones de sus marcas y las de la competencia en texto. Sin embargo, las técnicas avanzadas de aprendizaje automático permiten ahora a las empresas analizar las fotos y vídeos que los usuarios comparten cada vez más en internet, identificar patrones y obtener información más compleja.

Kroger: personalizar los carritos de la compra. A diferencia del modelo de negocio de activos esenciales empleado por muchos gigantes tecnológicos, las empresas tradicionales suelen mantener una importante propiedad de activos físicos. Estos suelen considerarse una carga y una de las principales razones por las que las empresas tradicionales no pueden competir eficazmente con los gigantes tecnológicos. Sin embargo, los modelos que implican una gran cantidad de activos suelen dar lugar a interacciones más enriquecedoras con los clientes. Cuando se aprovechan de forma eficaz, estos activos pueden permitir la recopilación de datos más detallados, a los que los gigantes tecnológicos pueden no tener acceso, impulsando así mayores esfuerzos de personalización.

La mayor cadena de supermercados de Estados Unidos, Kroger, con 140 años de historia, desarrolló su estrategia de personalización en sus 2.800 tiendas físicas de todo el país.[31] En la época anterior a internet, las promociones de los supermercados se anunciaban habitualmente en catálogos impresos o a través de los medios de comunicación. Hoy, sin embargo, Kroger ha adoptado tecnologías de infrarrojos e IoT con análisis de vídeo para seguir las actividades de compra de los clientes en sus tiendas. En 2015 creó un grupo interno de análisis de datos que supervisa la información recogida en los pasillos de las tiendas y utiliza algoritmos de aprendizaje automático para predecir las ventas y evaluar el comportamiento de los clientes.[32]

La estrategia de Kroger no se limitó al espacio físico, sino que integró las tiendas con su interfaz móvil. Al igual que en el ejemplo de Sephora en el capítulo 1, cuando los compradores activan la aplicación móvil de Kroger y la detectan los sensores de la tienda, la *app* puede enviar a los compradores sugerencias personalizadas de productos en tiempo real, precios personales y cupones digitales, en función de su historial de compras y visitas.

«Muchos minoristas disponen de datos transaccionales, pero nadie tiene los datos de los clientes y la información de la que dispone Kroger», afirmó Rodney McMullen, consejero delegado de la empresa, en la conferencia sobre los resultados del tercer trimestre de 2020, en la que mencionó las palabras *personalización* siete veces y *personalizado* dos veces.[33]

La personalización eficaz en la era digital implica una sofisticada combinación de recopilación de datos, análisis y aplicación de conocimientos para adaptar las experiencias, los productos o los servicios a las preferencias de cada cliente. Las experiencias de Coca-Cola y Kroger ilustran que las empresas tradicionales pueden adaptar este tipo de estrategias a la naturaleza distintiva de sus productos y servicios, así como a sus modelos operativos únicos. En cambio, los gigantes tecnológicos suelen emplear las mismas estrategias basadas en datos en una amplia gama de productos. Aunque es posible que no necesiten desarrollar infraestructuras digitales tan completas como las de los gigantes tecnológicos, las empresas tradicionales deben invertir en las bases operativas digitalizadas necesarias. Esta inversión les permite recopilar datos y generar información sin esfuerzo, de forma natural e instantánea, lo que es vital para lograr una personalización eficaz.

Satisfacer las necesidades reales de los clientes

Hoy en día, el análisis de datos ayuda a predecir el comportamiento de los consumidores, pero tiene límites a la hora de comprender y revelar sus motivaciones. Aunque la recopilación de datos a través de comunicaciones e interacciones humanas —que resulta lenta y costosa— pueda parecer una práctica de la era de los dinosaurios, sigue estando en boga. Las interacciones personales ayudan a generar confianza y compenetración. Cuando los clientes se sienten comprendidos y valorados, es más probable que se sinceren sobre sus verdaderas necesidades, preferencias y puntos débiles. Por tanto, estas interacciones son muy valiosas para comprender sus necesidades reales.

Como sostienen muchos expertos, comprender lo que los clientes realmente esperan conseguir es clave para innovar con éxito y crear ofertas que la gente realmente quiera.[34]

DBS: los recursos humanos pueden ser más ingeniosos de lo que crees. Fundado en 1968, DBS Group, el mayor banco del sudeste asiático y uno de los prestamistas más antiguos de Singapur, defiende que los bancos tradicionales pueden satisfacer a sus clientes a su manera. Fue reconocido como «mejor banco del mundo» y «mejor banco digital del mundo» de 2021 por la publicación del sector *Euromoney*.[35] El banco acuñó el acrónimo GANDALF —como el mago del *Señor de los anillos*— al situarse en el centro de los gigantes tecnológicos mundiales: Google, Amazon, Netflix, Apple, LinkedIn y Facebook.[36] Sin embargo, en lugar de imitar a las grandes tecnológicas, DBS utiliza plenamente su propia experiencia y encontró una manera única de impulsar la idea del cliente en el centro del negocio.

Aunque muchos gigantes tecnológicos, como Ant Group, tienen una ventaja competitiva sobre los bancos tradicionales en términos de despliegue tecnológico, a menudo solo llegan a conocer a sus clientes a través de *big data* y análisis de datos. DBS tiene un activo fundamental del que esos gigantes tecnológicos carecen: los empleados de banca de primera línea, que son también su punto de contacto para conocer mejor a los clientes con un toque humano. Además de dotarles de tecnología, el banco los forma en la escucha activa y la empatía para garantizar que comprendan las necesidades y preocupaciones subyacentes de los clientes.

Mientras que la mayoría de los bancos comerciales ofrecen servicios hipotecarios, DBS fue más allá de la venta de hipotecas. A través de las interacciones de sus empleados con los clientes, se dieron cuenta de que la verdadera necesidad de muchos de sus prestatarios hipotecarios era convertirse en propietarios de su primera vivienda; por tanto, el objetivo final del banco debía ser ayudarles a alcanzar ese sueño. Aprovechando la confianza que estos empleados habían generado con los clientes, el banco se fijó el objetivo de formar parte de la experiencia completa de compra de vivienda de sus clientes y les ayudó en la búsqueda de la casa, la búsqueda de la hipoteca y la evaluación, un proceso que comenzaría seis meses antes que cualquier otro servicio hipotecario habitual.[37]

DBS llevó su ventaja un paso más allá cuando lanzó el mayor mercado inmobiliario dirigido por un banco del sudeste asiático en 2018; era el primer banco de la región en crear una plataforma de este tipo.[38] Este medio permitía a los compradores o inquilinos de viviendas buscar entre alrededor de cien mil posibilidades, completar transacciones e iniciar las solicitudes, todo en la misma plataforma.[39]

El papel del banco pretendía resultar invisible para los clientes durante su proceso de compra, dándoles la impresión de que estuvieran comprando la vivienda por sí solos. El banco crea valor ofreciendo un planificador financiero especializado en vivienda para facilitar la evaluación de la asequibilidad del comprador primerizo. De hecho, antes de entrar en el mercado de la vivienda, DBS lanzó en 2017 el mayor mercado *online* de Singapur de vendedor a comprador directo de coches y una plataforma de suministro de electricidad con el mismo enfoque.[40] En este ejemplo, aunque los clientes compran servicios de un banco, su necesidad real se encuentra fuera del sector financiero.

En 2018, DBS lanzó el eslogan de cambio de marca *Live more, Bank less* («Vive más sin bancos»), ya que su investigación reveló que las necesidades reales de sus clientes eran el sustento, mientras que la banca era solo un medio para satisfacerlo.[41] *Bank less* también significaba que DBS integraba la banca en los trámites del cliente para ayudarle a satisfacer sus necesidades reales, ya fuera en línea o presencialmente. El banco registró un beneficio neto récord de 8.200 millones de dólares australianos (6.200 millones de dólares estadounidenses) en 2022, un 20 % más que el año anterior.[42] El precio de las acciones subió un 4 % en 2022, en comparación con otros bancos líderes, como JPMorgan y Bank of America, que perdieron en el mismo período entre un 20 % y un 30 %.

La tecnología digital, con sus innumerables ventajas en cuanto a eficiencia y reducción de costes, se topa, sin embargo con importantes limitaciones a la hora de comprender plenamente el complejo panorama de las necesidades de los consumidores. El toque humano ofrece empatía, comprensión y la capacidad de conectar a un nivel más personal, aspectos que son fundamentales para discernir y abordar las necesidades más sutiles y reales de los consumidores. En una era en la que la tecnología digital está presente en todas partes, las interacciones humanas genuinas se han vuelto una rareza, lo que aumenta su valor en el mundo empresarial.

Hoy en día, muchas empresas tradicionales tienden a dar prioridad a las soluciones tecnológicas frente a los recursos humanos con el objetivo de mejorar la eficiencia y reducir los costes operativos. Sin embargo, este enfoque puede descuidar inadvertidamente las ventajas únicas que aportan las interacciones humanas. Cuando la tecnología se utiliza para complementar y potenciar el contacto con personas en lugar de sustituirlo, se crea una sinergia en la que la tecnología mejora las capacidades humanas, lo que conduce a una resolución de problemas más creativa y a una verdadera comprensión de las necesidades de los clientes y, a su vez, genera nuevas oportunidades de creación de valor.

Nike: de fabricante de zapatos a creador de estilos de vida. Al igual que DBS, el interés de Nike por satisfacer las necesidades reales de sus clientes le ha abierto muchas nuevas oportunidades de crecimiento. Con el calzado como su segmento más valioso, la creación de valor de Nike fue mucho más allá de la fabricación.[43] Como mayor fabricante de zapatillas deportivas del mundo, la empresa descubrió que los consumidores buscan algo más que una prenda funcional: desean estilos de vida más saludables.

Por ejemplo, en California, Nike introdujo en 2023 zonas de entrenamiento donde ofrecer clases de *fitness* en vivo dirigidas por entrenadores de la compañía.[44] Esos lugares, que trascienden el eslogan icónico de Nike de *Just do it* («Solo hazlo») a *Let's do this* («Hagámoslo»), fomentan una comunidad de *fitness* en la que los clientes entrenan en compañía.[45]

En el ámbito digital, Nike ha desarrollado una serie de aplicaciones móviles, bajo el nombre de Nike+, dando lugar a un ecosistema de salud digital que abarca clases de entrenamiento, orientación nutricional y apoyo motivacional. Estas aplicaciones —que han desarrollado internamente, como Nike Run Club y Nike Training Club— permiten a la compañía recopilar datos de cada interacción con el cliente, lo que contribuye al diseño de nuevos productos y servicios que promueven un estilo de vida más saludable y activo. Este enfoque tiene especial resonancia entre la generación nativa digital.

Además, Nike no se limita a responder a las necesidades de los clientes que ya tiene, sino que también pretende dar forma y poner en primer plano las aspiraciones de los potenciales. En enero de 2023, Nike lanzó treinta horas de contenidos de *fitness* en Netflix disponibles en diez idiomas.[46] Esta iniciativa se dirigía a un segmento de usuarios de Netflix que aún no habían dado prioridad al *fitness*, con la intención de animar a estas personas a ser más activas. El énfasis de Nike en la promoción del deporte tiene un impacto duradero en la captación y retención de clientes porque el *fitness* se convierte en una rutina.

Aunque las empresas tecnológicas suelen expandirse a múltiples mercados utilizando datos y grandes bases de usuarios, las historias de DBS y Nike demuestran que las empresas tradicionales también pueden ampliarse descubriendo y comprendiendo las necesidades reales de los clientes. Cuando estos se sienten comprendidos y sus necesidades son satisfechas, es más probable que desarrollen adherencia a la marca a largo plazo. Al comprender y satisfacer realmente las necesidades de los consumidores con una cartera de productos diversificada, las empresas pueden diferenciarse en un mercado competitivo. Esta diferenciación no consiste solo en ofrecer productos o servicios distintos de los de los gigantes tecnológicos, sino también en crear experiencias que impacten profundamente en los consumidores a nivel personal.

ASPECTOS QUE TENER EN CUENTA

En este capítulo, hemos explorado una serie de estrategias para hacer frente a la escasez de datos y mejorar el enfoque orientado al cliente. Los ejemplos anteriores subrayan la necesidad de que las empresas tradicionales aprovechen sus activos y capacidades únicos para reforzar la orientación al cliente. Gracias a las interacciones enriquecedoras y humanas inherentes a sus modelos operativos, y a su conocimiento exhaustivo de los sectores en los que trabajan, las empresas tradicionales se encuentran en una posición única para fomentar la importancia del cliente de un modo que los gigantes tecnológicos pueden tener dificultades para reproducir.

También es crucial comprender el límite de los macrodatos. Miremos más allá del volante de datos y examinemos sus limitaciones para entender por qué o cuándo los datos podrían no ofrecer ventajas competitivas sostenibles.

En segundo lugar, la importancia de los casos extremos —aquellos que son atípicos o poco comunes— varía según las distintas aplicaciones. Estos casos son cruciales en lo que respecta a los sistemas diseñados para predecir sucesos raros, como enfermedades, o para los motores de búsqueda. Por ejemplo, en el caso del motor de búsqueda de Google, las palabras clave consultadas menos de diez veces al mes representaban casi el 80 % de las búsquedas.[49] Cabe imaginar, por tanto, que el motor de búsqueda Bing, de Microsoft, o Yahoo observarían estas palabras clave con una frecuencia mucho menor, por lo que les resultaría difícil igualar la calidad del servicio de Google.

Sin embargo, en muchos escenarios, el impacto de los casos extremos es limitado y manejable. Tomemos de nuevo como ejemplo el mercado de las pólizas de seguros. La mayoría de los solicitantes son usuarios típicos, lo que permite a las empresas con pequeños conjuntos de datos ofrecer una calidad de servicio comparable a la de los gigantes tecnológicos. Las empresas pueden abordar los casos extremos mediante la intervención humana o, en determinadas situaciones, optar por no atender a estos clientes. Esto difiere del mercado de los motores de búsqueda,

Figura 2.4

Volumen de datos y creación de valor

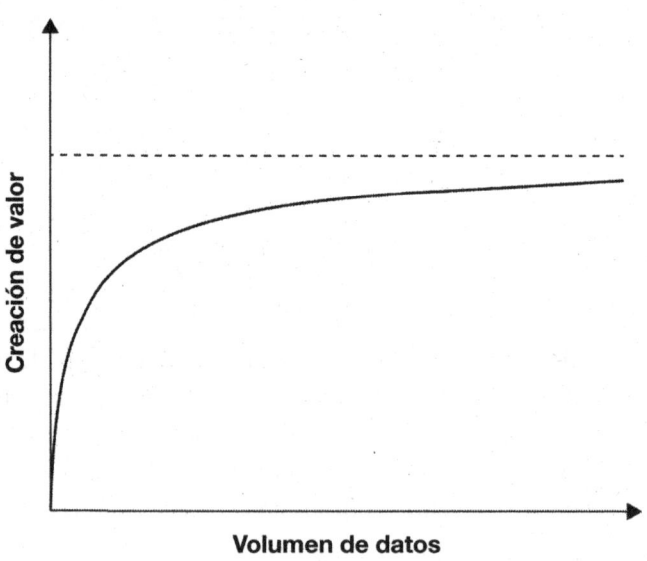

54

donde los casos extremos constituyen la mayoría de las búsquedas y los usuarios esperan resultados inmediatos.

En tercer lugar, el valor de los datos puede verse influido por la presencia de datos alternativos capaces de lograr resultados similares o incluso superiores: se trata de la dinámica de «todos los caminos conducen a Roma». En muchos casos, una variedad de datos puede predecir el mismo resultado. Por ejemplo, Ping An, además del uso de sus datos, aprovecha la economía del comportamiento como enfoque complementario: cómo actúan los usuarios durante sus procesos de solicitud puede servir como un sólido indicador de su perfil de riesgo. En cuanto a Coca-Cola, su propio enfoque arroja mejores resultados que los métodos habituales, como la inclusión de palabras clave en Google o la publicidad dirigida en Facebook.

En el caso de las empresas tradicionales, es crucial comprender las limitaciones de los macrodatos, ya que es posible que no dispongan de los recursos necesarios para recopilar y procesar información como sus competidores de mayor tamaño. Mientras tanto, debes innovar para centrarte en el cliente a tu manera, aprovechando tus propios canales y recursos. Mantente centrado y sigue adelante.

3
Encuentra una oportunidad de plataforma

Fundada en 2016, Zé Delivery (Zé) ha evolucionado hasta convertirse en una de las *startups* digitales más valiosas de Brasil, especializada en la entrega de cerveza y otras bebidas; su principal propuesta de valor es «rápida, fría y asequible».

Con un plazo medio de entrega de veintidós minutos, Zé garantiza que los clientes disfruten de cerveza fría a precios razonables. Zé se desarrolló en el seno de Ambev, filial de Anheuser-Busch InBev (ABI), la mayor empresa cervecera de Brasil y América Latina, que controla más del 60 % del mercado brasileño de la cerveza. Sin embargo, la trayectoria de crecimiento de Ambev comenzó a desacelerarse a mediados de la década de 2010 debido a la competencia con rivales como Heineken. Su consejo de administración estaba decidido no solo a contrarrestar esa ola de competencia, sino a liderar y tomar las riendas del negocio de la cerveza.

Zé se convirtió en parte integrante de la estrategia de su empresa matriz para conectar directamente con los consumidores de cerveza en Brasil. Facilitó la venta y entrega no solo de los productos de Ambev, sino también de marcas de terceros, incluidos algunos competidores, como Heineken. En 2022, la *startup* tenía una valoración superior a los mil millones de dólares.

La aplicación móvil Zé utiliza un algoritmo para asignar los pedidos de los clientes (bares, restaurantes, pequeños comercios, licorerías y tiendas) en función de factores como la demanda, las existencias, la ubicación y la disponibilidad del servicio de reparto.

Estos vendedores asumen las responsabilidades de almacenamiento, entrega y facturación de los productos. Para mitigar los costes, Zé ofrece incentivos operativos y ofertas vinculados a la entrega, asegurando a los vendedores un margen de beneficio razonable. Zé cobra los pagos en línea y los transfiere a los vendedores. Además, gestiona sus propios almacenes, lo que permite a la plataforma satisfacer los pedidos de forma independiente. Zé monetiza su negocio cobrando una comisión sobre el precio cobrado a los consumidores. El modelo «directo al consumidor» ofrece a Ambev la oportunidad de conocer mejor a los consumidores, lo que le permite realizar un marketing selectivo eficaz.

La compañía experimentó un aumento espectacular del volumen de pedidos durante la pandemia y el impulso de la empresa se mantuvo incluso cuando se levantaron las restricciones de movimiento. En 2022, Zé operaba en los 27 estados brasileños: entregaba 62 millones de pedidos a más de ocho millones de usuarios a través de su aplicación. Con Zé, ABI, un fabricante tradicional de cerveza, se aventuró en un negocio a través de plataforma. El viaje de Zé demuestra cómo las empresas tradicionales pueden descubrir oportunidades dentro de sus propias operaciones y escalar dichos negocios en función de sus recursos y capacidades únicos.

DISTINTOS CAMINOS HACIA LAS PLATAFORMAS

Las plataformas, que han prevalecido de diversas maneras a lo largo de la historia —desde los servicios de búsqueda de pareja hasta las ferias medievales italianas de intercambios de productos agrícolas—, son intermediarios que vinculan a múltiples grupos de usuarios y permiten interacciones directas. Gigantes tecnológicos actuales como Apple, Microsoft, Alphabet (Google) y Amazon generan y capturan un valor considerable a través de sus modelos de negocio basados en plataformas. Las plataformas de entrega de alimentos o bebidas suelen funcionar con un modelo de tres ámbitos (conectan a tres grupos de usuarios: comerciantes/restaurantes, consumidores y transportistas).

El modelo único de Zé, en el que la mayor parte de sus ventas proceden de los productos de su empresa matriz, evolucionó hasta convertirse en un modelo de negocio a cuatro bandas que vincula a Ambev, los consumidores, los vendedores y los transportistas (figura 3.1). Zé determina los precios, las tasas de recogida y las ofertas, garantizando un margen razonable para los vendedores y precios asequibles de la cerveza para los consumidores. Con un margen bruto de cerveza de hasta el 60 %, Ambev pudo invertir en Zé para apoyar esta estrategia de precios. De este modo se abordó eficazmente el reto de atraer tanto a comerciantes como a consumidores, impulsando el crecimiento de la plataforma.

Figura 3.1

Modelo de negocio de Zé Delivery

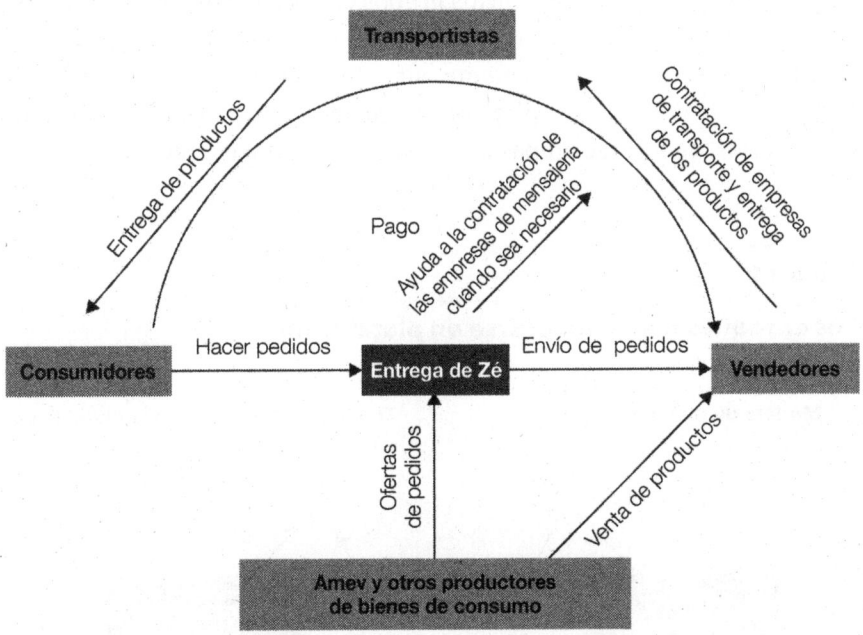

FUENTE: Adaptado de Ambev Investor Relations, «Presentations, Investor Day: 9. Zé Delivery», 12 de abril de 2022, https://api.mziq.com/mzfilemanager/v2/d/c8182463-4b7-e-408c-9d0f-42797662435e/59e92e52-0ff0-4967-5bd9-dca04a4a14f3?origin=1.

Muchos clientes de Zé descubrieron que la cerveza pedida de esta forma no solo era más barata, sino que también era más probable que se mantuviera fría a su llegada que si hubieran ido a adquirirla a una tienda. La compañía también amplió su oferta a otros bienes de consumo rápido, como aperitivos y productos para la barbacoa, para convertirse en una plataforma que facilitaba las celebraciones y reuniones sociales. La plataforma creó valor para Ambev, proporcionando datos e información sobre los consumidores, estableciendo un nuevo canal para el desarrollo de marcas de bebidas de coste reducido e introduciendo nuevas oportunidades de monetización, como la publicidad. Y, lo que es más importante, impulsó las ventas de los principales productos relacionados con la cerveza.

Las empresas suelen convertirse en plataformas a través de uno de estos dos enfoques (figura 3.2). Algunas empresas empiezan lanzando un intermediario que permite a varios grupos conectarse, interactuar y realizar transacciones; eBay, que permite a vendedores y compradores realizar transacciones directamente, sirve como ilustración de este modelo. Con este enfoque, las plataformas suelen aprovechar los efectos de red cruzados, en los que ambas partes se atraen mutuamente, para crecer.

Figura 3.2

Dos enfoques para convertirse en plataformas

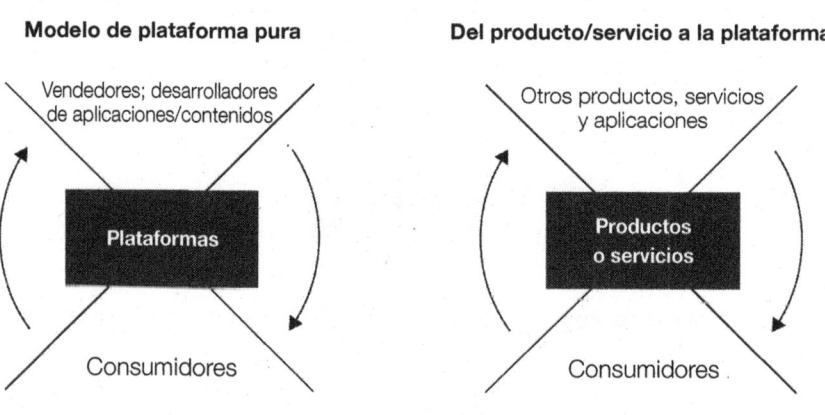

Modelo de plataforma pura

Vendedores; desarrolladores de aplicaciones/contenidos

Plataformas

Consumidores

Del producto/servicio a la plataforma

Otros productos, servicios y aplicaciones

Productos o servicios

Consumidores

Por otra parte, muchas empresas, entre ellas la mayoría de los gigantes tecnológicos, experimentan una transformación —de producto a plataforma— similar a la de Zé. Por ejemplo, Google empezó como motor de búsqueda a mediados de la década de 1990 y más tarde se expandió al ámbito de la publicidad para vincular a los anunciantes con los usuarios. Apple creó el iPod en 2001 y posteriormente desarrolló iTunes Store y App Store. Amazon, que inicialmente triunfó en el comercio minorista, empezó en 2000 a trabajar con vendedores externos.

En una línea similar, OpenAI amplió su servicio ChatGPT para incorporar complementos de terceros tras acumular una base de más de 100 millones de usuarios. Estos complementos aumentan las capacidades de ChatGPT y permiten realizar una amplia gama de acciones, como obtener información en tiempo real sobre resultados deportivos, reservar vuelos o pedir comida.

De acuerdo con este segundo enfoque, las empresas suelen aprovechar la base de usuarios que ya tienen como plataforma de lanzamiento para su transformación de un modelo orientado a productos o servicios a un modelo orientado a plataformas. Además de los efectos de red cruzados, las plataformas atraen a los usuarios proporcionándoles ventajas concretas (por ejemplo, el servicio de búsqueda de Google o el servicio ChatGPT de OpenAI).

CLAVES DEL ÉXITO

¿Qué hace falta para que una empresa tradicional encuentre una oportunidad de plataforma en su propio negocio y alimente su crecimiento, como en el caso de Ambev? Tras más de una década investigando las transformaciones de varias empresas tradicionales, hemos identificado varios factores esenciales para el éxito.

Desarrollar una mentalidad abierta

Las empresas centradas en el producto necesitan valor y tiempo para cambiar de enfoque y pasar del producto a la plataforma. Incluir a terceros suele ser más fácil de decir que de hacer, incluso para Apple y Steve Jobs. Apple celebró el decimosexto aniversario de su App Store en julio de 2024.[1] Somos lo bastante mayores como para recordar que el primer iPhone se parecía a una PDA avanzada. Era un producto de sistema cerrado, sin tienda de aplicaciones. La comunidad Jailbreak nació y floreció cuando los *hackers* empezaron a desarrollar e instalar sus propias aplicaciones en el iPhone. La reacción de Steve Jobs fue ponerse a la defensiva. En un principio, quería hacer el sistema operativo más seguro y amenazó con castigar a los *jailbreakers*, incluso anulando la garantía de cualquiera que pirateara el dispositivo.

Sin embargo, las aplicaciones de terceros mostraron las oportunidades de creación de valor vinculadas al iPhone. Jobs y Apple vieron la oportunidad de crear una plataforma más abierta y abrieron oficialmente la App Store en 2008, un año después del lanzamiento del iPhone.

El sencillo escaparate digital alcanzó los mil millones de descargas en nueve meses.[2] Apple también obtuvo valor de la App Store al quedarse con entre el 15% y el 30% de las ventas de aplicaciones y las compras dentro de la aplicación.[3]

Del mismo modo, LEGO se resistió en un principio a incorporar elementos externos: prefirió mantener el desarrollo de los productos dentro de la empresa. Sin embargo, con el tiempo adoptó una mentalidad más abierta, al aceptar la participación de los fans. Un ejemplo notable de este cambio es la plataforma LEGO Ideas, que permite a los aficionados presentar nuevos diseños de LEGO. Cuando uno de ellos obtiene el apoyo suficiente de la comunidad, se somete a un proceso de revisión por parte de LEGO y puede convertirse en un producto comercial. Este enfoque amplió la gama de productos de LEGO y estrechó los lazos con la comunidad de aficionados, dando lugar a conjuntos tan populares como el Apollo Saturn V de la NASA.[4]

Valve y Steam: trabajar con *hackers*. Otro ejemplo de empresa que ha añadido una plataforma es el desarrollador de juegos estadounidense Valve Corporation, conocido por trabajar con piratas informáticos. Mediante ensayo y error a lo largo de los años, ha aprendido que una plataforma abierta es la solución óptima con objeto de hacer frente a los piratas informáticos, así como para crear valor para los usuarios.

Fundada en 1996, la empresa desarrolló su primer videojuego, *Half-Life*, que fue tan popular que los *hackers* empezaron casi de inmediato a crackear y modificar el juego. Estas modificaciones, no autorizadas, a menudo hacían que el juego fuera inestable e impedían a los usuarios jugar juntos en una red estable. En lugar de luchar contra la avalancha de piratas informáticos, Valve optó por una vía diferente: empezó a colaborar con los mismos *hackers* que habían desarrollado las modificaciones más populares. La demanda insatisfecha de alternativas también ofrecía un nuevo potencial de creación de valor para la empresa. Valve pidió a los *hackers* que desarrollaran un nuevo juego, *Counter-Strike*, que también fue muy popular. Sin embargo, los *hackers* siguieron crackeando los juegos, lo que creó importantes problemas a los jugadores. En 2003, Valve lanzó un canal de *software* en línea llamado Steam donde distribuyó parches a los jugadores. En 2018, la empresa pagó 20.000 dólares a un *hacker* que descubrió un fallo de seguridad crítico en Steam.[5]

A medida que crecía el número de usuarios de Steam, la empresa lo transformó en una plataforma en línea para resolver su reto de distribución: al permitir a los usuarios descargar juegos en Steam, Valve ya no necesitaba enviar a los minoristas cajas físicas. Steam permitió a los desarrolladores distribuir sus juegos sin coste adicional en la plataforma, lo que facilitó especialmente a los pequeños desarrolladores el acceso al mercado para que pudieran ampliar su propia base de clientes. El ahorro de costes tanto para los productores de juegos como para los jugadores fue considerable, ya que se redujeron considerablemente los costes de fabricación y distribución de los discos de los juegos.

Con cada vez más juegos disponibles en Steam, también aumentaron los clientes, incluidos aquellos que no habían jugado antes a los juegos de Valve. En 2021, Steam registró 2,6 millones de compradores mensuales por primera vez.[6] Valve obtuvo un nuevo valor al obtener beneficios de las ventas de juegos que los desarrolladores independientes distribuían en Steam, de forma similar a Apple en su App Store. Steam tenía casi treinta mil juegos disponibles en mayo de 2022, lo que permitía a millones de jugadores jugar en línea de forma simultánea.[7] La comisión de las ventas de otros desarrolladores en la plataforma ha superado con creces los ingresos del *software* propio de Valve.

Estar dispuesto a abrirse a los rivales

Las plataformas implican conectar a terceros. Pero algunas empresas y organizaciones van un paso más allá abrazando también a sus propios competidores.

Nuestra escuela, HBS, es conocida por sus métodos de enseñanza basados en casos y Harvard Business Publishing Education (HBP Education) distribuye desde hace tiempo todos los casos recogidos por escrito por el profesorado de la escuela. Como división de HBP, cuenta con un catálogo de más de treinta mil casos, pero solo el 43% de ellos son de profesores de HBS.

A lo largo de los años, HBP Education ha crecido de forma significativa trabajando con más de cincuenta socios de contenido, entre los que se incluyen otras escuelas de Harvard y escuelas de negocios de todo el mundo. Algunas de ellas son nuestras competidoras, como la Stanford Graduate School of Business o la Columbia Business School. Aunque los materiales didácticos de los profesores de otras escuelas pueden competir potencialmente con los de los profesores de HBS, la plataforma HBP es capaz de ofrecer una amplia variedad de opciones de compra a los usuarios, lo que ha hecho crecer la popularidad de la plataforma de forma sustancial a lo largo de los años.

Cuando una empresa se abre a sus rivales, es posible que estos muestren ciertas reservas. Pueden resistirse a apoyar la plataforma porque su participación podría reforzar a un competidor y no quieren depender de él para acceder a los usuarios. Esto se cumple sobre todo cuando los rivales son potentes. En estos casos, para hacer crecer una plataforma, la empresa puede tener que incentivar la cooperación compartiendo la propiedad de la plataforma.

Tomemos como ejemplo los bancos estadounidenses. No podían quedarse de brazos cruzados ante la creciente amenaza de PayPal/Venmo, Apple Pay y Square Cash en el ámbito de los pagos minoristas. En 2017, el sector bancario estadounidense lanzó Zelle, una red de pago entre personas en respuesta a la popularidad del pago digital.[8] Zelle era una empresa conjunta de varios grandes bancos estadounidenses. Su operador, Early Warning Services, era una empresa propiedad de siete grandes bancos estadounidenses, incluidos sus rivales Bank of America y JPMorgan Chase, con una extensa lista de prestamistas.[9] A pesar de ser durante mucho tiempo competidores, ahora se sientan en la misma mesa (comparten plataforma) para enfrentarse a sus competidores digitales.

Zelle permite a los usuarios enviar dinero rápidamente desde una aplicación bancaria a amigos y familiares, un método mucho más sencillo que los servicios tradicionales de transferencia bancaria. Mientras que su competidor de marca más cercano, Venmo, cobra comisiones por varios servicios *premium*, el uso de la *app* de Zelle es gratuito.[10]

Aunque PayPal/Venmo sigue dominando el mercado de pagos entre particulares en Estados Unidos, Zelle registró un crecimiento récord con 806.000 millones de dólares en transacciones en 2023.[11] Zelle no tiene muchas de las características *premium* que ofrecen las aplicaciones similares a Venmo, pero su posición como plataforma bancaria ofrece una mayor confianza al cliente, que puede considerar Zelle como una opción de pago más segura, especialmente en el caso de transacciones de mayores cantidades, como el pago del alquiler de una vivienda.[12] Y, lo que es más importante, sus fuertes vínculos con distintos bancos también han ayudado a la compañía a llegar a las pequeñas y medianas empresas, que buscan alternativas seguras y rápidas al envío de cheques. En 2023, los pagos recibidos por pequeñas empresas a través de Zelle aumentaron un 44 % respecto al año anterior, lo que supuso un fuerte impulso para el crecimiento de la plataforma.[13]

Al apoyar una plataforma común, los bancos pudieron defenderse mejor de las nuevas empresas de tecnología financiera y de gigantes tecnológicos como PayPal/Venmo y Apple Pay.

Buscar activamente la creación de valor para otras empresas

Estar dispuesto a abrirse a terceros es el primer paso hacia una estrategia de plataforma. A continuación, las empresas también deben identificar oportunidades de plataforma en sus negocios. Un enfoque eficaz consiste en preguntarse cómo podría una empresa aprovechar sus recursos y capacidades actuales para crear valor para otras empresas, además de para sí misma.

Telepass. Es una empresa sobre la que nuestra colega Chiara Farronato ha realizado un estudio de caso, gestionaba inicialmente los peajes electrónicos de las autopistas de Italia, Francia, España y Portugal, y más tarde evolucionó hasta convertirse en una plataforma relacionada con el ámbito del transporte.[14] En 1990, introdujo un dispositivo de telepeaje que los usuarios colocaban en el salpicadero de sus vehículos. Este dispositivo les permitía pasar por las estaciones de peaje sin detenerse, lo que mejoró notablemente la fluidez del tráfico entre Milán y Turín durante la Copa del Mundial de la FIFA. El receptor de la estación deducía automáticamente la tarifa correspondiente de la cuenta del usuario. En 2016, este modelo de negocio le había generado a la empresa unos ingresos anuales estables en toda Europa.[15]

A su debido tiempo, Telepass amplió sus servicios, permitiendo a los usuarios pagar las tasas de aparcamiento utilizando el dispositivo. A principios de la década de 2010, los servicios de coche y bicicleta compartidos empezaron a despuntar. Para satisfacer las nuevas necesidades de los consumidores, Telepass lanzó en 2017 Telepass Pay, una aplicación móvil de pago digital. Dado que la empresa ya disponía de los datos bancarios de los abonados a Telepass, la incorporación de Telepass Pay fue sencilla. Los usuarios simplemente descargaron la aplicación, iniciaron sesión con sus credenciales y empezaron a utilizar el nuevo servicio al instante. Telepass Pay puede utilizarse para comprar billetes de tren, alquilar motocicletas y repostar combustible.

En 2019, Telepass comenzó a actuar como corredor de productos de seguros, proporcionando a sus clientes renovaciones de seguros a través de Telepass Broker. Con el permiso de los suscriptores, Telepass Broker puede hacer un seguimiento de cuándo vence el plazo de renovación de sus pólizas y sugerir una nueva oferta.

Con el consentimiento del usuario, los datos acumulados por Telepass pueden aportar potencialmente más valor tanto a las compañías de seguros como a los usuarios. Los datos de peaje (con más de 700 millones de transacciones al año) y los de Telepass Pay pueden ayudar a la empresa a estimar los perfiles de riesgo de los usuarios. Por ejemplo, la empresa dispone de información sobre la distancia entre dos estaciones de peaje cualesquiera y las horas de cobro de cada conductor. En consecuencia, Telepass puede calcular la velocidad media de un coche. Esta gran cantidad de datos sobre la velocidad de conducción de cada usuario puede ayudar a determinar el perfil de riesgo. Esta información es valiosa para crear pólizas de seguro personalizadas.

McGraw-Hill Education. La editorial educativa estadounidense con más de 130 años de historia, también descubrió nuevas oportunidades de creación de valor durante su transformación de la edición impresa a la digital. En la era predigital, McGraw-Hill, como editorial de libros de texto en formato impreso, no podía interactuar con los lectores directamente, pues estos compraban los libros en las librerías. En 2009, la empresa lanzó una plataforma de enseñanza y aprendizaje totalmente digital para la educación superior y más tarde se expandió a la educación primaria y secundaria. Mediante la adquisición de empresas de *software* y la aplicación de soluciones de IA, McGraw-Hill intentó cambiar de enfoque: de personas que leen libros a libros que leen personas. Basándose en los hábitos de lectura y educativos, la plataforma McGraw-Hill puede dirigir a los estudiantes al contenido adecuado del libro y crear otros personalizados.

Alrededor del 75 % de los negocios de educación superior de McGraw-Hill, la mayor parte de su cartera, ya era digital a finales de 2019; la pandemia aceleró la cuota al 89 % en 2020.[16] Los datos de aprendizaje que recopila el *software* también proporcionan valor y perspectivas a los profesores, ayudándoles a comprender mejor a sus alumnos.[17]

En 2020, McGraw-Hill llevó el aprendizaje digital más allá al asociarse con TutorMe (ahora llamado Pear Deck Learning) y ofrece tutorías a demanda para estudiantes universitarios. Una vez identificadas las áreas en las que tienen dificultades, los estudiantes usuarios de los cursos digitales de McGraw-Hill pueden acceder a un tutor que les ayude.[18]

Aunque tu empresa no pueda identificar hoy ninguna oportunidad de convertirse en plataforma, deberías intentarlo con cierta regularidad. A medida que las empresas tradicionales se digitalicen cada vez más, al igual que Telepass y McGraw-Hill, inevitablemente obtendrás nuevos recursos y capacidades en este proceso. Es posible que descubras que algunos de estos recursos o capacidades pueden ser valiosos para otras empresas, proporcionando así oportunidades para la transformación del producto en plataforma.

Conectar a los consumidores

Hemos hablado de cómo las empresas tradicionales pueden transformarse en plataformas compartiendo sus recursos y forjando nuevas conexiones con terceros. Sin embargo, este no es el único enfoque posible. Las empresas tradicionales también pueden descubrir oportunidades de plataforma alimentando las relaciones entre los clientes que ya tienen y facilitando sus interacciones.

La Beauty Insider Community de Sephora, analizada en el capítulo 1, es un buen ejemplo de esta estrategia. Sephora cultivó una comunidad entre sus clientes y les permitió hacer preguntas, compartir estilos personales, intercambiar consejos y probar nuevos productos. La compañía facilita las interacciones entre los buscadores y los productores de contenidos. Sin duda, esta estrategia fideliza a los clientes de Sephora, aumenta su satisfacción con los productos de la marca y, en consecuencia, incrementa las ventas de la compañía.

Otras empresas han utilizado estrategias similares. Las tiendas de productos deportivos, como REI y Dick's Sporting Goods, venden equipos, ropa, equipamiento, etc., a personas con intereses diversos, ya sea el golf, el senderismo, la natación, el ciclismo o los deportes de equipo. Estas tiendas también organizan eventos para reunir a los clientes, patrocinan equipos y ligas deportivas locales, organizan clases y fomentan una comunidad social de clientes. Esta estrategia se ha convertido en el salvavidas de varias librerías independientes, permitiéndoles resistir la competencia de Amazon. Esto se produce en un contexto de cierre de miles de librerías independientes, incapaces de igualar los precios, la comodidad, la selección y el envío rápido y asequible de Amazon. Aunque casi todas estas librerías pusieron en marcha canales digitales, sus experiencias demuestran que limitarse a imitar a Amazon y tener presencia en línea es insuficiente para sobrevivir.

Powell's Books. Con origen en Portland (Oregón), no solo ha logrado sobrevivir, sino que también ha prosperado, centrándose en ofrecer experiencias atractivas a sus clientes, conectándolos con la comunidad local y aprovechando al máximo las ventajas del comercio físico.

Fundada en 1971 en un antiguo concesionario de coches situado en una esquina entonces muy poco transitada, Powell's se ha convertido en un lugar emblemático de Portland y en una de las mayores librerías de libros nuevos y usados del mundo. Su buque insignia ocupa una manzana entera y contiene más de un millón de libros.

En respuesta al auge de Amazon, además de desarrollar sus capacidades digitales, la librería se centró en conectar a los lectores y crear comunidad de varias maneras. En primer lugar, Powell's patrocina varios clubes de lectura temáticos que se reúnen periódicamente en sus tres tiendas. Los lectores comparten el placer de la lectura y de hablar sobre libros. Powell's proporciona espacios de reunión y ayuda a promover estos clubes.

En segundo lugar, Powell's organiza más de quinientos eventos de autores cada año, reuniendo a los lectores para que conozcan y aprendan de sus autores favoritos en persona. Los lectores pueden conectar a través de intereses compartidos (autores, géneros…). Powell's también colabora a menudo con bibliotecas, escuelas y organizaciones sin ánimo de lucro en actos especiales, eventos para recaudar fondos y programas educativos. Estas asociaciones reúnen a diversos grupos de lectores en torno a una causa o interés común.

Las tiendas también ofrecen amplios y cómodos asientos, con sofás y rincones de lectura por todo el espacio. Los lectores suelen entablar conversaciones con otros sobre lo que están leyendo o se recomiendan libros entre sí.

Las librerías Powell's abren todos los días hasta las nueve de la noche. Su amplio horario las convierte no solo en un buen destino de compras, sino también en un lugar de conexión: los lectores leen juntos, se reúnen con amigos o simplemente se enfrascan en una lectura hasta bien entrada la noche.

Todos estos factores han convertido a Powell's en una plataforma que fomenta las interacciones y relaciones reales entre los lectores. A través de la librería, los lectores comparten un sentimiento de identidad. Comprar en Powell's y asistir a sus eventos se ha convertido en una forma de que los habitantes de Portland apoyen la cultura local y se relacionen entre sí.

Este posicionamiento de marca como librería independiente, centrada en el conocimiento y orientada a la comunidad, contrasta con la experiencia de tipo más transaccional de Amazon. La tecnología solía verse como una amenaza, pero Powell's ha aprovechado su página web, su presencia en las redes sociales, su pódcast y su boletín electrónico para mejorar la experiencia en la tienda y construir una comunidad en lugar de sustituirla.

Home Depot. Además de crear comunidades entre tus clientes, puedes buscar oportunidades para facilitar que se comuniquen. Es más probable que encuentres estas oportunidades si atiendes a distintos tipos de clientes. Tomemos como ejemplo Home Depot, un gran minorista de artículos para el hogar. Home Depot atiende a un grupo diverso de clientes, entre los que se incluyen muchos adeptos al bricolaje, que compran productos para proyectos de reforma, reparación y mantenimiento del hogar que piensan hacer ellos mismos; clientes profesionales (contratistas, responsables de reformas, reparadores, propietarios de pequeñas empresas y otros profesionales del sector de la construcción y las reformas); y clientes que compran los productos, pero contratan a profesionales para distintos servicios, como la instalación de moquetas, armarios o electrodomésticos grandes. Home Depot ofrece servicios de instalación en muchas áreas, como suelos, armarios y ventanas, a cargo de contratistas autorizados que trabajan con la compañía.

Para atender mejor las necesidades de sus clientes, Home Depot introdujo su plataforma *online* Pro Referral tras la adquisición en 2012 de Redbeacon, una *startup* que pone en contacto a propietarios de viviendas con proveedores locales de servicios para el hogar. Cuando un cliente realiza una compra en Home Depot para un servicio que requiere habilidades profesionales, puede describir en la plataforma el trabajo que necesita completar. Pro Referral utiliza entonces un algoritmo propio para poner en contacto al cliente con contratistas de la zona cualificados.

Este servicio añade valor tanto para los clientes aficionados al bricolaje, que pueden decidir que un proyecto supera su nivel de conocimientos, como para aquellos que buscan un profesional de confianza para instalar los productos que han adquirido. También beneficia a sus clientes profesionales, que acceden a la amplia base de clientes de Home Depot. A diferencia de muchas otras plataformas digitales que ponen en contacto a propietarios de viviendas con proveedores de servicios, Home Depot no cobra a los consumidores ni a los contratistas por solicitar o recibir referencias.

Didi Hitch. Es importante tener en cuenta que tienes que crear un valor real para los consumidores al conectar con ellos. De lo contrario, el vínculo puede ser perjudicial si no está alineado con lo que tus clientes valoran de tu producto o servicio.

Didi Hitch, el servicio de viajes compartidos de la china Didi Chuxing (Didi), una de las mayores empresas de viajes compartidos del mundo, es un buen ejemplo. Durante un tiempo, la empresa creyó que los usuarios de su servicio valorarían la oportunidad de interactuar entre sí y establecer nuevas conexiones personales. Con este fin, una vez que los pasajeros se asignaban y confirmaban para un viaje compartido, la empresa hacía visibles sus perfiles entre sí dentro de la aplicación, incluidos sus nombres y fotos de perfil. Didi esperaba que esta función les permitiera hacerse una idea básica de con quién iban a compartir el viaje y, potencialmente, establecer puntos en común para conversar durante el trayecto. También podían utilizar una función de mensajería dentro de la aplicación para hablar sobre determinados detalles, como el lugar de encuentro y otras cuestiones relacionadas con el viaje. Didi Hitch también ha integrado una función de chat de grupo en la aplicación, que permite a los pasajeros comunicarse con todos los compañeros de viaje.

Sin embargo, la mayoría de los pasajeros de Didi no sentían la necesidad de interactuar. De hecho, estas funciones vulneraban de alguna manera la protección de la privacidad y la seguridad de los pasajeros, lo que preocupaba a la mayoría de ellos. Tras varios incidentes de asalto y acoso durante los viajes de Didi Hitch que provocaron una protesta pública, la compañía suspendió y posteriormente eliminó las funciones sociales e implantó medidas de seguridad más estrictas. Su atención se centró en mejorar la seguridad de los pasajeros y restablecer la confianza.

Cuando las empresas intentan conectar a sus consumidores, es una cuestión básica que lleven a cabo estudios de mercado para identificar los beneficios, así como los posibles puntos negros de tales conexiones, incluyendo cómo pueden afectar a la forma en que los consumidores interactúan dadas las ofertas actuales.

Gestionar los cambios del modelo operativo

La transición a un modelo de plataforma no solo altera el modelo de negocio de una empresa —la forma en que crea y atrae valor—, sino que también puede transformar radicalmente su modelo operativo y su cultura organizativa. Gestionar de forma eficaz este cambio es crucial para garantizar el éxito de dicha transformación.

Las empresas basadas en productos o servicios se centran en desarrollar las mejores ofertas o las más exclusivas, maximizar los beneficios y optimizar las ventas. Estas compañías suelen operar dentro de sistemas cerrados y patentados y mantienen un control total sobre sus operaciones. Por el contrario, las empresas basadas en plataformas prosperan estableciendo una red de socios y usuarios, promoviendo la adopción de plataformas, maximizando las interacciones y transacciones, y gestionando e influyendo en socios y usuarios. Operan dentro de sistemas abiertos o compartidos. Como el valor de una plataforma procede principalmente de su red de usuarios, aumenta con el número de estos.

El éxito de un negocio basado en una plataforma depende, por tanto, de su capacidad para atraer a una masa de usuarios y fomentar el compromiso, haciéndolo más atractivo con el tiempo. La plataforma puede captar entonces valor más fácilmente con una base de usuarios amplia y leal. En consecuencia, las empresas suelen necesitar establecer diferentes indicadores clave de rendimiento (KPI) para sus negocios de plataforma en las primeras etapas. En lugar de centrarse en los beneficios, deben hacer hincapié en la adopción y el compromiso de los usuarios. Una vez que el negocio de plataforma gana tracción, puede concentrarse en las oportunidades de captura de valor. En los primeros días de Zé Delivery, por ejemplo, mientras que los empleados de su empresa matriz, Ambev, recibían una remuneración variable en función de si cumplían los objetivos de ventas, los indicadores de rendimiento de Zé se basaban en gran medida en la satisfacción del cliente, como la puntuación neta del promotor, el número de usuarios activos de la aplicación y la frecuencia de compra. Un error común que cometen muchas organizaciones es aplicar demasiado pronto los mismos KPI de su modelo de negocio tradicional a su negocio de plataforma.

En segundo lugar, las empresas no deben subestimar las nuevas capacidades necesarias para sus negocios de plataforma. Por ejemplo, EbonyLife Media, con sede en Nigeria, descubrió que adoptar un modelo de plataforma de *streaming* bajo demanda no era necesariamente la mejor solución para su crecimiento. Fundada en 2012 para compartir historias africanas de alta calidad en todo el mundo, EbonyLife comenzó produciendo contenidos para su canal de televisión panafricano y más tarde se expandió a la producción de películas. Tuvo un gran éxito en la creación de contenidos taquilleros y aclamados por la crítica, vistos por una audiencia cada vez más global. A pesar de su éxito en la producción de contenidos, tuvo que tomar decisiones difíciles sobre cómo distribuirlos, especialmente fuera de África.[19]

En 2014 lanzó una plataforma bajo demanda, EL ON. La empresa tuvo problemas para encontrar desarrolladores de *software* locales adecuados y acabó contratando a un equipo francés para desarrollar las soluciones necesarias. Para retener a los suscriptores, EbonyLife necesitaba un suministro constante de nuevos contenidos, pero carecía de la financiación necesaria. La escasa fiabilidad de la conexión a internet en Nigeria también afectaba de forma negativa a la experiencia de *streaming*, lo que provocaba que algunos usuarios se dieran de baja. Convertirse en suscriptor de EL ON en Nigeria a menudo implicaba un proceso manual porque la mayoría de los clientes nigerianos dependían de la emisión de transferencias bancarias para el pago. En consecuencia, EbonyLife no podía proporcionarles acceso inmediato o automático tras el pago.

EbonyLife atrajo apenas ocho mil nuevos suscriptores entre 2018 y 2019, muy lejos de su objetivo, de un millón. El CEO de la compañía, Mo Abudu, comenzó a dudar de la viabilidad de la transición de EbonyLife a un modelo de negocio de plataforma de *streaming*. Abudu exploró entonces otra opción: la coproducción de contenidos con Netflix, Sony y otros socios globales para distribuirlos en sus plataformas. Estos canales internacionales de *streaming* proporcionaron financiación inicial, reduciendo los riesgos financieros relacionados con la producción propia de EbonyLife. En 2021, EbonyLife había abandonado EL ON para centrarse en la producción de contenidos.

En tercer lugar, las empresas tradicionales tienen que superar los retos de encontrar el talento adecuado para impulsar el negocio de las nuevas plataformas. En el caso de Telepass, buscó nuevas contrataciones cualificadas en ingeniería y ciencia de datos. En 2018, también se asoció —durante tres años— con una empresa de integración de sistemas llamada NTT Data para supervisar la transición a la nube. Telepass planeó contratar a algunos empleados de NTT Data al final de la asociación para asegurarse de que podría seguir gestionando los nuevos sistemas por su cuenta.[20] Este enfoque le permitió aprovechar los conocimientos que habían externalizado al principio e incorporarlos a la empresa.

Cuando las empresas empiezan a facilitar nuevas transacciones con su modelo de plataforma, a menudo necesitan dotarse de nuevos conocimientos específicos del sector. Con el lanzamiento de Telepass Pay, la empresa empezó a contratar personal de telecomunicaciones y banca, así como de gigantes tecnológicos, para complementar su experiencia en transporte. Muchos de los nuevos contratados eran también jóvenes; de hecho, la edad media de los ejecutivos de Telepass C-suite era de poco más de cuarenta años en 2021.[21]

Por último, cuando las empresas tradicionales incorporan modelos de negocio de plataforma, suelen crear equipos o divisiones separados para sus operaciones tradicionales y de plataforma, cada uno con su propio conjunto de objetivos y KPI. Esta estructura permite la especialización de competencias, recursos y procesos adaptados a cada modelo de negocio. Sin embargo, pueden surgir choques en términos de cultura corporativa cuando una empresa intenta fomentar la cooperación entre los dos modelos para capitalizar las fortalezas combinadas de ambos. Gestionar estas formas de proceder diferenciadas puede suponer un reto importante para cualquier organización.

La experiencia de Ambev ofrece un ejemplo útil. Desde el inicio de Zé, sus fundadores y Ambev se propusieron crear una forma de gestión distinta para la *startup*. Ambev contrató a consultores externos y estudió las culturas de empresas disruptivas de éxito como Netflix, Google y Amazon para establecer cómo debería ser una empresa del futuro con objeto de infundir a Zé rasgos de esas empresas de referencia. Su cultura giraba en torno al cliente y a un enfoque empresarial a largo plazo, que difería del enfoque a corto plazo y de beneficios trimestrales de Ambev.

Los empleados de Zé adoptaron deliberadamente enfoques diferentes para distanciarse de la empresa tradicional. Por ejemplo, mientras Ambev utilizaba Microsoft Azure, los ingenieros de Zé optaron por Google Cloud. Al mismo tiempo, los empleados del negocio tradicional mostraban reticencias con las nuevas contrataciones de Zé, pues creían que ellos ganaban todo el dinero mientras los jóvenes ingenieros lo despilfarraban. Esta dinámica creó animadversión y tensión dentro de la empresa. Las diferencias de cultura corporativa y las distintas perspectivas de rentabilidad se hicieron cada vez más evidentes, a medida que Zé crecía.

El entonces consejero delegado de Zé, Rodolfo Chung, dedicó un esfuerzo considerable a gestionar estas diferencias, promover el respeto por ambas culturas empresariales y fomentar la comunicación y la cooperación. Comparó la relación entre Ambev y Zé con la de padres e hijos. En esta analogía, los hijos deben estar agradecidos por el apoyo y la inversión de sus padres en su educación, reconociendo que no estarían donde están hoy sin ellos. En consecuencia, los hijos deben mostrar respeto a sus padres. Pueden negarse a relacionarse con sus padres debido a diferencias generacionales, o pueden iniciar valientemente conversaciones para compartir perspectivas diferentes y fomentar el entendimiento mutuo. Al fin y al cabo, los hijos pueden aprender valiosas lecciones de la experiencia de sus padres. Del mismo modo, los padres deben esforzarse por comprender mejor a sus hijos, reconociendo que lo mejor para la familia es apoyar su éxito y crecer con ellos.

Como ilustran estos ejemplos, para navegar con éxito por la transformación hacia un modelo de negocio de plataforma y ampliar nuevas oportunidades de crecimiento, las empresas tradicionales deben reconocer estos cambios en el modelo operativo y responder activamente a ellos.

ASPECTOS QUE TENER EN CUENTA

Cabe señalar que un modelo de negocio de plataforma no siempre es la mejor opción para una organización, aunque posea las capacidades necesarias para la transformación. Una desventaja significativa, en comparación con un modelo de producto o servicio, es que las empresas pueden tener que renunciar a cierto control, ya que las transacciones con los consumidores pasan a manos de terceros, en lugar de proporcionar estos productos o servicios complementarios directamente.

Dos ejemplos del sector estadounidense de entrega de comestibles, Instacart y Weee!, ilustran enfoques diferentes. Ambas empresas ganaron popularidad durante la pandemia. Instacart, fundada en 2012, uno de los mayores y más extendidos servicios de entrega de comestibles en Estados Unidos, comenzó con un modelo de plataforma —ligera— de activos. En lugar de construir almacenes y centros de distribución físicos, Instacart se asoció con tiendas de comestibles y contrató a *personal shoppers*. Las más de trescientas tiendas asociadas a la plataforma de reparto abarcan desde los supermercados nacionales y regionales más populares, incluidas tiendas como Costco y BJ's Wholesale, hasta tiendas especializadas locales e incluso farmacias.

Instacart no es propietaria de ninguna de las tiendas ni emplea a los *personal shoppers* de forma permanente. Crea y obtiene valor de la plataforma que ha establecido y que vincula a clientes y *personal shoppers* a través de los productos.

A diferencia del gigante de la alimentación en línea Instacart, la *startup* Weee!, con sede en Fremont (California), empezó según un modelo de venta directa especializado en la venta de alimentos para las cocinas asiática e hispana. Para garantizar que los precios de los productos en Weee! fueran competitivos con los de las tiendas, la empresa gestionó directamente sus cadenas de suministro. Construyó sus propios almacenes y trabajó con transportistas de mercancías a tiempo parcial. Desde mayo de 2022, los pedidos se empaquetan y envían desde los ocho centros de Weee! repartidos por Estados Unidos.[22]

No existe una solución única para elegir entre un modelo de plataforma que depende de terceros y un modelo de venta directa. Cada uno tiene sus ventajas y sus inconvenientes. En el primer caso, asociarse con tiendas establecidas (el modelo Instacart) da a la empresa la opción de ofrecer una variedad de productos sin tener que construir sus propios almacenes. Sin embargo, en este modelo la empresa pierde el control directo de la calidad. Además, tanto Instacart como las tiendas de comestibles necesitan captar valor, lo que hace que los precios de los productos sean más altos y menos atractivos para los clientes, que son muy sensibles al precio. Por el contrario, el modelo de venta directa proporciona a Weee! una gran calidad y el control de los costes, pero limita su selección de productos y añade carga operativa.

Curiosamente, ambas empresas están cambiando hacia un modelo híbrido. Instacart planea gestionar su propia red de almacenes, a la que denomina «nanocentros de distribución», una medida que le ayudaría a almacenar productos y lanzar un servicio de entrega en quince minutos.[23] Weee! también ha incorporado muchos vendedores externos para ofrecer más variedad de productos.

El modelo híbrido reduce las limitaciones propias de cada modelo. Sin embargo, es crucial que las empresas reconozcan las capacidades que deben desarrollar para aplicarlo con éxito. Por lo tanto, la adopción de un modelo híbrido solo debe contemplarse después de que una empresa haya adquirido las capacidades necesarias para asentar un modelo y esté preparada para asumir otro diferente. También es importante que las empresas sean conscientes de los posibles efectos negativos de la interacción entre los dos modelos, lo que puede afectar a las motivaciones de terceros. (Volveremos sobre la competencia entre los productos de terceros y los ofrecidos por la plataforma en el capítulo 5).

La digitalización ha aumentado la conectividad entre los productos o servicios y sus usuarios, permitiendo que toda la oferta en su conjunto sirva de canal para conectar a los usuarios con nuevos productos y servicios. Por tanto, cualquier empresa actual debería considerar activamente las oportunidades de los productos a través de plataformas.

En este capítulo se exponen los principios fundamentales para identificar posibles plataformas para las empresas y facilitar su transición. Empieza por considerar cómo puedes crear valor para otras empresas, incluida la competencia. A continuación, contempla detenidamente la transformación necesaria para alcanzar el éxito.

4

Haz crecer tu propio ecosistema

Shein, el minorista chino de moda ultrarrápida, encabeza la lista de las empresas más misteriosas y de mayor crecimiento del mundo. De nombre poco conocido antes de la pandemia, la compañía ha crecido y se ha hecho con el título de marca de la moda más visitada del mundo en internet, superando a Zara y Nike.[1]

Fundada en China en 2008, pasó de ser un pequeño minorista a convertirse en una plataforma de venta transfronteriza y en la marca de ropa femenina del mismo nombre.[2] Conocida por su ropa ultrabarata y de moda, la empresa diseña y vende ropa, productos de belleza y estilo de vida exclusivamente en el extranjero, en más de 150 países desde 2024.

A pesar de las críticas de que su modelo de negocio fomenta el consumo derrochador y otras preocupaciones como sus prácticas en la cadena de suministro, la posible infracción de copias de marca y la falta de protección de datos, se informó de que Shein tenía una valoración de 65.000 millones de dólares en 2023 y se convirtió en la *startup* más valiosa del mundo después de ByteDance, SpaceX y Ant Group.[3]

El crecimiento de Shein en la era digital se debe al ecosistema que ha cultivado a lo largo de los años, que incluye a todas las entidades e individuos que se ven afectados y pueden afectar a la actividad de la empresa. Al igual que en un sistema biológico, donde un ecosistema equilibrado beneficia a todos sus miembros, el mismo principio se aplica en el mundo empresarial. Este capítulo se centra en cómo las empresas tradicionales pueden dar forma con éxito a sus propios ecosistemas.

ECOSISTEMA DE SHEIN

El ecosistema de Shein cuenta con muchos participantes. En primer lugar, la compañía se apoya en muchos fabricantes de ropa de China. Gestiona una cadena de suministro digital que reúne a unos seis mil proveedores de bajo coste en el sur de China, donde hay miles de talleres y distribuidores de ropa.[4]

El lugar principal de operaciones de la cadena de suministro de Shein está en Guangzhou, centro de negocios del sur de China, próximo a los centros de almacenamiento del país en Foshan y al aeropuerto internacional de la región. Shein se benefició de la capacidad y la infraestructura de la cadena de suministro de Guangzhou, que data de hace más de treinta años y evolucionó junto con las industrias de exportación textil y comercio electrónico de China. Shein eligió deliberadamente fábricas pequeñas y medianas porque tenían menos poder de negociación que las grandes y, en general, estaban más dispuestas a aceptar pedidos de lotes pequeños. A pesar de su tamaño, muchas de estas fábricas veteranas tienen experiencia previa de trabajo con el gigante del comercio electrónico Alibaba. Suelen estar situadas a menos de cinco horas en coche del centro de Shein en Guangzhou, lo que acelera la comunicación y la colaboración.[5] Shein estableció estrictos requisitos para los plazos de entrega y sumó las capacidades de producción de sus fábricas asociadas.

La empresa invierte desde 2016 en su sistema de ejecución de fabricación (MES, por sus siglas en inglés), que permite gestionar la cadena de suministro en tiempo real. Los proveedores de Shein están obligados a utilizar el MES para una comunicación fluida durante el proceso de fabricación. El MES de Shein proporciona información precisa y oportuna y es muy apreciado por su facilidad de uso.

En 2022, Shein lanzaba seis mil nuevos productos al día, con un precio medio de entre 6 y 25 dólares por artículo.[6] Las herramientas analíticas internas de Shein permitían a los fabricantes de su cadena de suministro recibir datos en tiempo real sobre las tendencias y las ventas de determinados artículos.[7] El plazo de entrega de cada artículo se había reducido a veinticinco días, mientras que tradicionalmente muchos minoristas tardaban meses.[8] Apoyándose en los datos, la empresa pedía a sus diseñadores que trabajaran en el diseño para que lo produjeran sus proveedores chinos.

Además de estos fabricantes de ropa de China, un número creciente de consumidores de Europa, Estados Unidos y del resto del mundo participaron en el ecosistema de Shein. La empresa creó valor para ellos de muchas maneras. Además de su cadena de suministro de bajo coste, como empresa de comercio electrónico transfronterizo, Shein aprovechó las políticas arancelarias favorables para paquetes de bajo valor, lo que le permitió bajar aún más sus precios, entre un 15 % y un 20 %, para atraer a clientes extranjeros.[9]

Para acelerar los plazos de entrega, Shein invirtió mucho en almacenes y centros de distribución en todo el mundo. Su centro de distribución en Whitestown, Indiana, podía reducir los tiempos de envío hasta en cuatro días, mientras planeaba abrir instalaciones en el sur de California y el noreste de Estados Unidos.[10] En abril de 2023, anunció planes para localizar la producción en Brasil asociándose con dos mil fábricas textiles del país en un plazo de cinco años, así como en la India y Turquía.[11]

Las empresas de logística internacional también participan en el ecosistema de Shein. La compañía ofrece envíos estándar gratuitos, con una media de entrega de entre ocho y diez días, y servicios de devolución gratuitos cuando el cliente gasta una cantidad mínima. Un pedido de Shein suele salir de sus almacenes en el sur de China, subirse a un avión de carga (por ejemplo, de la china Southern Airlines Logistics Company, con la que se ha asociado) y entregarse directamente a los clientes en el extranjero.[12] Entre sus socios de entrega en Estados Unidos figuran DHL y YunExpress, mientras que Yida-Ex es su socio en el Reino Unido.[13]

Muchos perciben a Shein como una amenaza para Amazon. Pero también incorporó a la empresa norteamericana en su ecosistema al incluir miles de sus ofertas en el mercado de Amazon, incluidos algunos de sus productos más vendidos.[14] Mientras tanto, Shein también se abrió a vendedores —terceros— para convertirse en un mercado.[15]

TikTok también se convirtió en un importante participante en el ecosistema de Shein. La empresa china empezó pronto a hacer marketing digital en TikTok pagando a *influencers* de las redes sociales para que promocionaran su marca.[16] Shein se convirtió en la marca más comentada en TikTok en 2020.[17] El contenido masivo generado en TikTok ayudó eficazmente a la empresa asiática a ampliar su principal base de clientes: chicas de la generación Z y población de ingresos bajos y medios de Estados Unidos y Europa.[18] Estos consumidores son conscientes del precio, pero venderles a ellos sigue produciendo márgenes más altos en comparación con los compradores nacionales de China, que muestran un mayor nivel de sensibilidad al precio. (Véase en la figura 4.1 una ilustración de los principales actores del ecosistema de Shein).

Todas las empresas tienen su propio ecosistema, pero pocas consiguen aprovecharlo y ampliarlo para crecer con tanta eficacia como Shein. Este ejemplo también ilustra la diferencia entre un ecosistema y una plataforma. Aunque los términos «ecosistema» y «plataforma» se utilizan a menudo indistintamente, el primero es un concepto más amplio que abarca una red de empresas, organizaciones e individuos interconectados que crean de manera conjunta e intercambian valor. En ocasiones, un ecosistema puede englobar a una empresa plataforma, pero incorporar muchos otros elementos, como proveedores, distribuidores, competidores y organismos gubernamentales. El ecosistema de Shein, por ejemplo, incluye fabricantes de ropa y proveedores de servicios logísticos, como servicios postales.

Figura 4.1

Principales actores del ecosistema de Shein

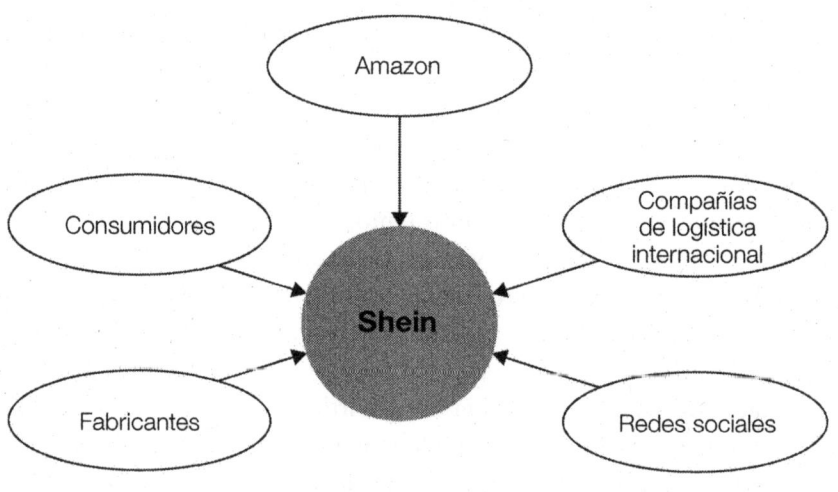

Reconociendo que pueden carecer de las capacidades o los recursos necesarios para competir eficazmente con los gigantes tecnológicos, muchas empresas tradicionales se centran hoy en día en construir y ampliar su ecosistema. Este capítulo ilustra algunos principios básicos que las empresas tradicionales pueden utilizar para dar forma con éxito a su propio ecosistema.

PRINCIPIOS PARA HACER CRECER EL ECOSISTEMA

Las empresas tradicionales, a menudo acostumbradas a un planteamiento más contenido y lineal, pueden tener dificultades para adaptarse a la naturaleza abierta, dinámica e interdependiente de las estrategias de los ecosistemas. De ahí que esta transición requiera un cambio de paradigma en el pensamiento estratégico.

Empezamos con el primer cambio: ver a los gigantes tecnológicos como participantes del propio ecosistema.

Cambia de perspectiva: tu ecosistema incluye a los gigantes tecnológicos

A menudo, las empresas tradicionales se perciben a sí mismas como meros participantes en los ecosistemas de los gigantes tecnológicos cuando colaboran con ellos. Sin embargo, es crucial tener en cuenta que estos gigantes tecnológicos también trabajan para crear valor para ti en estas relaciones.

Al cambiar de perspectiva y considerar a estos gigantes tecnológicos como participantes dentro de tu propio ecosistema, puedes ser más proactivo a la hora de aprovechar sus recursos, como los de datos o infraestructura, para la innovación y el crecimiento. En la era digital actual, no es desalentador utilizar los recursos de los gigantes tecnológicos para impulsar la innovación. Las empresas pueden aprovechar una gran cantidad de recursos disponibles, como las innumerables reseñas de productos de Amazon, una rica colección de vídeos gratuitos en YouTube o los algoritmos de código abierto de Google. Gracias a estos gigantes tecnológicos, una parte significativa de tu ecosistema ya está establecida y es fácilmente accesible.

Anker: supercargando su ecosistema. Anker Innovations es una empresa que surgió de Amazon y lleva aprovechando el ecosistema del gigante tecnológico desde sus inicios. Es probable que te encuentres con la marca Anker si alguna vez buscas una batería externa o un cable para iPhone en Amazon.

Anker era una de las marcas nativas de Amazon. Fundada en 2011 por el extrabajador de Google Steven Yang, Anker vende accesorios digitales, como baterías, cables o cargadores. Estos productos también los ofrecen cientos de otros fabricantes. Además de artículos de marcas reconocidas, como los cables de Apple, Amazon vende una amplia gama de dispositivos digitales a precios competitivos.

Sin embargo, a pesar de la competencia de estos gigantes tecnológicos y de otros fabricantes, Anker no ha dejado de crecer. En una década, se ha convertido en la marca más popular de baterías portátiles en Amazon.[19] Sus productos son conocidos por su buena calidad a un precio razonable. La compañía, que salió a bolsa en 2020, tenía una capitalización bursátil de 30.000 millones de yuanes (4.200 millones de dólares) en enero de 2024.[20]

Yang atribuyó a Amazon el éxito de la empresa. Además de la infraestructura establecida de la compañía norteamericana, que le ayudó a ahorrar en costes de venta al por menor y logística, «la clave para crear productos innovadores y de alta calidad es escuchar a los clientes. De hecho, sus opiniones son la aportación más importante a nuestro proceso de desarrollo de nuevos productos. Nos aseguramos de que nuestros nuevos productos partan de las necesidades que expresan los clientes», afirmó Yang en una entrevista en 2016.[21]

Anker, centrándose en el canal que le ofrece Amazon, ha desarrollado un sistema eficaz para captar y atender rápidamente las opiniones de los clientes, conocido como «la voz del cliente» (VoC, por sus siglas en inglés). Por ejemplo, cuando los consumidores informaron de que los cables de datos eran propensos a dañarse después de cierto uso, los ingenieros llevaron este problema a establecer una norma de calidad clara y cuantificable: el cable debía soportar 10.000 oscilaciones a 120 grados bajo una carga de 10 kilos sin romperse.[22]

Más allá del sistema de comentarios VoC en línea, la empresa también examina los puntos débiles que ponen de manifiesto los usuarios a través de métodos como la investigación en grupos focales y las entrevistas a expertos. Por ejemplo, Anker descubrió que la aparente falta de interés de las usuarias por los accesorios de carga se debía a la ausencia de productos adaptados a sus necesidades. Para subsanar esta laguna, Anker creó ingeniosamente una batería compacta de alta velocidad que aparentaba ser un pintalabios, que ofrece una solución pequeña y ligera, perfecta para llevar en el bolso. Gracias a su gran conocimiento de las necesidades de los clientes y a una fuerte inversión en investigación e ingeniería de productos —el personal de investigación y desarrollo (I+D) representa alrededor del 47% de los más de cuatro mil empleados de Anker en todo el mundo—, la empresa ha sido capaz de desarrollar muchos productos de éxito, algunos de los cuales han ganado varios premios internacionales.[23]

Aunque más de la mitad de las ventas de Anker en 2022, que ascendieron a 14.250 millones de yuanes (2.000 millones de dólares), procedían de Amazon, la dependencia ha ido disminuyendo desde el 80% de 2016.[24] Aprovechando el impulso y las buenas críticas de Amazon, la empresa empezó a vender a través de sus páginas web —directas al consumidor—, así como a inmiscuirse en otros canales de venta. Por ejemplo, Anker también vende productos en las tiendas oficiales de venta directa de Apple, con productos similares a los propios de Apple, como los cables de carga.[25] También ha conseguido asociarse con minoristas con tiendas físicas —Best Buy, Costco, Target y Walmart— y vender a través de sus canales. Gracias a esta estrategia, Anker ha logrado desarrollar un ecosistema que abarca a varios gigantes, entre ellos Amazon y Apple, con lo que ha consolidado aún más su posición en el mercado.

Las empresas tradicionales, como Anker, deberían adoptar la mentalidad de considerar con una perspectiva proactiva a los gigantes tecnológicos como potenciales participantes en sus ecosistemas. En lugar de limitarse a utilizar estos gigantes como canales para ampliar su alcance, las empresas tradicionales deberían aprovecharlos para impulsar su propia capacidad de innovación. Es esta mayor capacidad de innovación la que no solo proporciona a las empresas tradicionales una ventaja competitiva frente a los gigantes tecnológicos, sino que también atrae a muchos de ellos a sus ecosistemas. Esto, a su vez, refuerza su posición negociadora frente a cada uno de estos gigantes tecnológicos.

Centrarse o no centrarse: encontrar el camino correcto para hacer crecer tu ecosistema

A la hora de construir un ecosistema, las empresas tienen dos opciones: pueden ser un *hub* o no serlo. Ambas tienen ventajas e inconvenientes.

Un *hub* o centro neurálgico en un ecosistema es una organización central que proporciona servicios esenciales, tecnología o conexiones que utilizan un gran número de participantes. Dar forma a un ecosistema como *hub* puede ser una tarea enorme. A menudo requiere que una empresa haga inversiones arriesgadas por adelantado con la esperanza de recoger los frutos más adelante. Para las empresas tradicionales que no están acostumbradas a actuar como *hub* y que carecen del compromiso de invertir tiempo, energía y recursos, emprender tal tarea podría plantear riesgos significativos.

La trayectoria de Anker demuestra que para construir un ecosistema no hay que ser necesariamente un *hub*. Esta compañía no pretende convertirse en un *hub* para los participantes de su ecosistema ni es esencial para la supervivencia de los participantes en él.

Aunque pueda parecer una desventaja para los actores que no son *hubs* tener que depender de otros participantes para determinadas necesidades y no poseer el mismo poder del que disfrutan los *hubs* del ecosistema, las empresas pueden reducir significativamente sus riesgos y empezar a beneficiarse rápidamente del ecosistema.

Los ecosistemas de Ping An. Muchas empresas con abundantes recursos buscan convertirse en centros neurálgicos —*hubs*— cuando construyen sus ecosistemas.

Ping An Group, la mayor aseguradora de China, adoptó este enfoque y trató de convertirse en un *hub* con cinco ecosistemas: servicios financieros, atención sanitaria, servicios para automóviles, bienes inmuebles y ciudades inteligentes.[26] Ya hablamos brevemente de su historia y desarrollo en el capítulo 2, donde decíamos que Ping An comenzó como una pequeña oficina —trece personas— de seguros de propiedades y accidentes en la ciudad de Shenzhen, en el sur del país, en 1988 y creció hasta convertirse en un conglomerado de 1,4 millones de agentes de ventas en su punto álgido en 2017.[27]

A lo largo de los años, Ping An ha aplicado su estrategia de finanzas más ecosistema mediante tres pasos.

En primer lugar, utilizó la tecnología para hacer posible y aumentar la competitividad de su negocio principal de servicios financieros. En segundo lugar, aprovechó la tecnología para crear cinco nuevos ecosistemas. Al construir cada uno de ellos, Ping An desarrolló primero escenarios, creó tráfico, generó ingresos y, finalmente, esperó a obtener beneficios. Después de construir los ecosistemas, la empresa también esperaba utilizarlos para hacer crecer sus servicios financieros.[28]

Ping An eligió estos cinco ecosistemas porque la oportunidad de negocio en cada uno de ellos era lo suficientemente grande: creaban muchos puntos de contacto para que la empresa entendiera mejor las necesidades del cliente y pudieran aprovechar la fortaleza de la compañía en el ámbito de los servicios financieros. (Véase la figura 4.2, sobre los ecosistemas de Ping An).

Figura 4.2

El ecosistema de Ping An

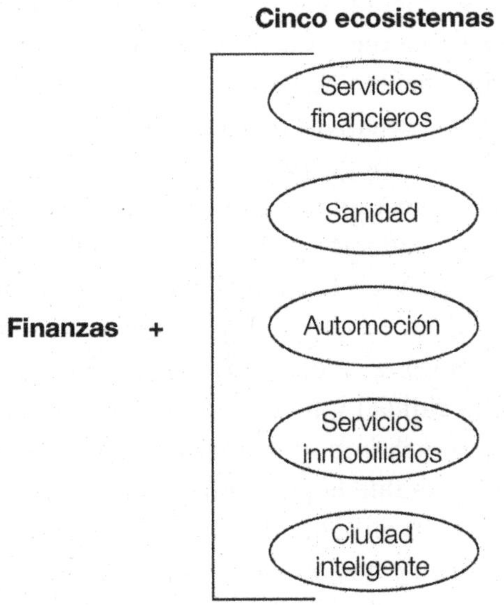

Cinco ecosistemas

Finanzas +

- Servicios financieros
- Sanidad
- Automoción
- Servicios inmobiliarios
- Ciudad inteligente

Las experiencias de Ping An con el crecimiento de los distintos ecosistemas fueron variadas y ofrecieron una visión de las oportunidades y los retos de convertirse en un *hub*.

Pensemos en el ecosistema de los servicios de automoción. Para establecer su propio ecosistema y convertirse en un *hub* en este ámbito, Ping An adquirió en 2016 Autohome, el principal portal de información sobre automóviles de China y un mercado de compraventa de coches en línea.[29]

Con una media de 46,9 millones de usuarios activos al día, Autohome ofrece una amplia gama de servicios y contenidos que permiten a los usuarios buscar y comprar vehículos.[30] El portal también facilita a los concesionarios la venta de vehículos y más del 80 % de sus ingresos proceden de la publicidad y las comisiones de fabricantes y concesionarios.[31] Al integrar Autohome con los servicios existentes de Ping An, como el seguro de automóvil, Ping An Bank y Ping An Financial Leasing, la empresa pretendía ayudar a los usuarios a lo largo de todo el proceso de compra de un coche —desde la compra hasta la venta, el mantenimiento y el arrendamiento—, al tiempo que proporcionaba a los concesionarios un valioso canal para llegar a los clientes. (Véase en la figura 4.3 el ecosistema de servicios para automóviles de Ping An).

La expansión del ecosistema sanitario de Ping An se enfrentó a más retos. En su núcleo se encontraba Ping An Good Doctor (PAGD), un proveedor de telemedicina que la compañía puso en marcha en 2015 y que ofrecía un amplio abanico de servicios para pacientes, proveedores sanitarios y soluciones alternativas de pago.

El objetivo de PAGD era proporcionar los servicios de un médico de cabecera para cada hogar, un perfil electrónico para cada individuo y un plan de gestión de la atención sanitaria para todos, aprovechando la «tecnología médica y la IA».[32] Distinguiéndose de otros proveedores de atención sanitaria en línea en China, PAGD contrató a más de mil médicos de los mejores hospitales para trabajar a tiempo completo con el objetivo de mejorar la calidad y fiabilidad de sus servicios de telemedicina.[33] PAGD demostró una importante creación de valor y experimentó un rápido crecimiento durante la pandemia, tras la que alcanzó, a 30 de junio de 2022, más de 440 millones de usuarios registrados.

Sin embargo, desde su creación, la empresa ha incurrido en pérdidas significativas, incluida una de 220,5 millones de dólares en 2021.[34] La importante inversión en el equipo médico y la escasa aceptación de los

Figura 4.3

El ecosistema de servicios para automóviles de Ping An

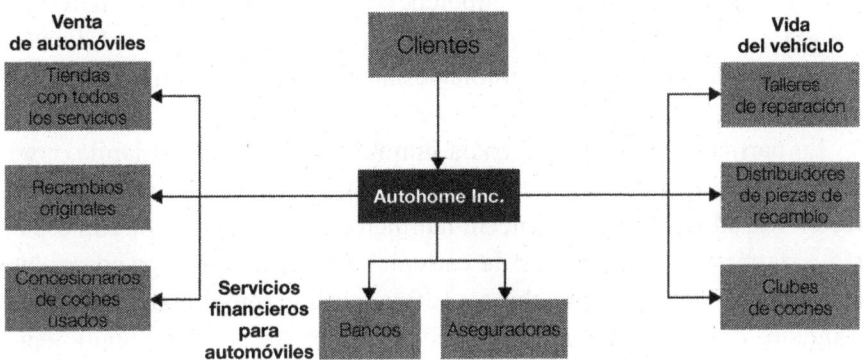

FUENTE: Adaptado de Feng Zhu, Anthony K. Woo y Nancy Hua Dai, «Ping An: Pioneering the New Model of 'Technology-Driven Finance'», Caso 620-068 (Boston: Harvard Business School, 2020).

servicios médicos por internet en China son los principales factores que contribuyen. Además, aunque los proveedores de telemedicina parecen tener acceso a muchos recursos sanitarios, en última instancia dependen de los hospitales tradicionales y de la presencialidad para prestar la asistencia. Al mismo tiempo, los hospitales de primer nivel carecen a menudo de la capacidad o el interés para apoyar a los proveedores de telemedicina.

La competencia de PAGD con Alibaba Health Information Technology y JD Health International, que son las ramas de salud digital de dos gigantes chinos del comercio electrónico, complicó aún más el camino de PAGD hacia un escenario de rentabilidad.

Mientras PAGD seguía luchando, el otro ecosistema de Ping An, el de los servicios inmobiliarios, no pudo seguir avanzando. La empresa dejó de inyectar dinero y cerró su portal de anuncios inmobiliarios en 2019, cinco años después de su lanzamiento.[35]

El sector inmobiliario chino depende en gran medida de los agentes de corretaje. Ping An esperaba que algunos de sus 850.000 agentes de seguros de vida pudieran ayudar a vender casas y apartamentos, ya que conocían bien a sus clientes.[36] Pero los agentes de seguros de vida que se aventuran en la venta de inmuebles se enfrentan a importantes obstáculos, pues el ámbito exige un conocimiento exhaustivo de las prácticas de venta de propiedades. Además, el sector inmobiliario en China es conocido por su intensa competencia; los modelos tradicionales de corretaje y los agentes convencionales tienen un enorme peso. Además, estas agencias tradicionales también están digitalizando activamente sus operaciones.

En particular, la mayor agencia inmobiliaria de China, Lianjia, creó su propio sitio digital de anuncios inmobiliarios, Beike, mientras que los recién llegados Alibaba y Tencent también entraron en el saturado espacio a través de sus empresas de cartera.[37] Para empeorar las cosas, las restricciones del Gobierno chino a la financiación inmobiliaria afectaron a algunos de los productos de préstamos inmobiliarios de alto rendimiento de Ping An.

En comparación, DBS Bank adoptó un enfoque diferente para entrar en el mercado inmobiliario. En lugar de desarrollar uno propio, se asoció con EdgeProp y Averspace, dos mercados inmobiliarios ya existentes, para aumentar rápidamente el número de anuncios a unos cien mil, tanto de agentes como de propietarios. La empresa se centra en áreas en las que tiene experiencia, como en las ofertas de los planificadores financieros de viviendas, que ayudan a los compradores primerizos a determinar su rango de precios asequibles en función de lo que ganan. También ofrece transacciones sin papeleo en todo el proceso, desde pagos sin cheques hasta documentación digital.[38] Este planteamiento reduce considerablemente la inversión y los riesgos asociados.

Las experiencias de Anker, Ping An y DBS ponen de relieve la importancia estratégica de que las empresas decidan si se posicionan como *hubs* o no en sus respectivos ecosistemas. En el segundo caso, las empresas pueden utilizar rápidamente sus capacidades existentes para colaborar con otras. Por su parte, en el caso de que se establezcan como *hubs*, aunque el potencial de crecimiento es mayor, a menudo necesitan desarrollar nuevas capacidades para atraer y retener a los participantes en los negocios.

Incluso para empresas ricas en recursos como Ping An, desarrollar un ecosistema como *hub* en un entorno competitivo presenta retos considerables. La mayoría de las empresas tradicionales carecen de los recursos de una empresa como Ping An. Por lo tanto, incluso si aspiran a convertirse en un *hub*, puede ser beneficioso empezar no siéndolo. Este enfoque permite a las empresas potenciar a otras mientras adquieren una valiosa experiencia, comprenden las necesidades de los clientes y socios y acumulan las habilidades y recursos necesarios para convertirse en un *hub* en el futuro.

Para las empresas que entran tarde en un ecosistema, adoptar una estrategia de adquisición puede ser una forma eficaz de establecerse como *hubs*. Ping An utilizó con éxito esta táctica en su ecosistema de servicios para automóviles. En una línea similar, Adidas entró en el mercado digital del *fitness* —un campo en el que Nike ya se había aventurado— mediante la adquisición de la aplicación de *running* Runtastic en 2015, que entonces contaba con setenta millones de usuarios. Esta compra se convirtió rápidamente en la piedra angular de la estrategia digital de la empresa. En la actualidad, más de 170 millones de personas utilizan Adidas Running para realizar un seguimiento de más de noventa deportes y actividades.[39]

Pies firmes: construye tu ecosistema sobre una base sólida

Los ecosistemas de éxito suelen comenzar con productos sólidos y prósperos en su núcleo. Para garantizar el crecimiento sostenido de un ecosistema, una empresa debe dar prioridad a saber defender su producto.

En el caso de Anker, la empresa fue capaz de convencer a líderes del sector, como Apple y Costco, para que se unieran a su ecosistema gracias a sus incesantes esfuerzos por identificar las necesidades de los clientes y a la I+D para introducir productos de éxito.

El ecosistema de Nike. En el capítulo 2, exploramos cómo Nike orquestó un ecosistema de *fitness* y bienestar centrado en sus productos físicos (como zapatillas y ropa) y ofertas digitales (como las aplicaciones Nike+ Run Club y Nike Training Club). Sin embargo, este proceso se encontró con su propio conjunto de obstáculos.

Una de las primeras incursiones de Nike en el mundo del *fitness* fue el lanzamiento en 2012 de la FuelBand, una pulsera de *fitness* con funciones sociales. Su principal característica, NikeFuel, pretendía ofrecer una forma universal para el seguimiento de diversas actividades. Esto formaba parte de la estrategia de Nike de combinar la tecnología digital con sus productos físicos, fomentando un ecosistema de *fitness* y bienestar. Sin embargo, la compañía pronto se dio cuenta de que su posición en el mercado con la FuelBand no era buena. El mercado de la tecnología ponible —*wearable*— evolucionó rápidamente con competidores como Fitbit y, en aquel momento, Jawbone UP, así como con la aparición de los *smartwatches*, especialmente el Apple Watch, que ofrecía funcionalidades más amplias. Reconociendo que la innovación en *hardware* no era su punto fuerte, Nike dejó de fabricar la FuelBand en 2014 para concentrarse en el *software*. Sus productos digitales, Nike Run y Nike Training Club, que encajaban mejor con sus principales puntos fuertes de marca, creación de contenidos y compromiso con la comunidad, se convirtieron en los ejes de su ecosistema de *fitness* y bienestar.

El ecosistema de Xiaomi. En China, Xiaomi también aprendió de sus experiencias la importancia de un negocio de *smartphones* defendible para su ecosistema centrado en el internet de las cosas (IoT). Fundada en 2010 principalmente como una marca de telefonía, Xiaomi ha evolucionado hasta desarrollar el mayor ecosistema de IoT del mundo. Desde 2014, Xiaomi ha invertido en más de quinientas *startups* y socios de IoT, con participaciones minoritarias.[40]

Según su fundador, Jun Lei, la estrategia de IoT de Xiaomi se ideó para eludir a los gigantes tecnológicos chinos de la época (Baidu, Alibaba y Tencent), que dominaban los mercados digitales. Al principio, Xiaomi ofrecía accesorios para móviles, como auriculares y baterías, y en 2016 amplió su oferta a productos inteligentes para el hogar, como ollas arroceras, televisores y lavadoras, y más tarde añadió artículos de estilo de vida. (La figura 4.4 muestra los productos del ecosistema IoT de Xiaomi). El ecosistema de Xiaomi evolucionó hacia la AIoT (inteligencia artificial de las cosas), combinando IA e IoT.

Los teléfonos inteligentes de Xiaomi se convirtieron en *hubs* de este ecosistema, diseñados para funcionar a la perfección con los productos Xiaomi vinculados con el IoT. A través del sistema operativo MIUI de Xiaomi (ahora HyperOS) —un sistema operativo basado en Android— y las aplicaciones, los usuarios pueden gestionar una serie de dispositivos, lo que integra aún más la marca en su día a día. Xiaomi recopiló gran cantidad de datos de millones de dispositivos conectados,

Figura 4.4

Productos del ecosistema IoT de Xiaomi

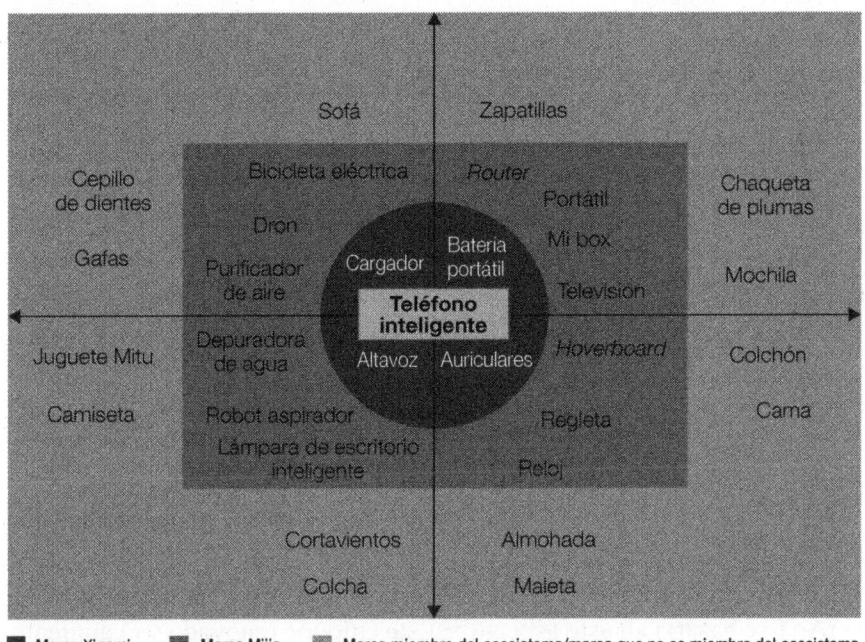

Sofá · Zapatillas

Cepillo de dientes · Bicicleta eléctrica · Router · Chaqueta de plumas

Dron · Portátil

Gafas · Purificador de aire · Cargador · Batería portátil · Mi box · Mochila

Depuradora de agua · Teléfono inteligente · Televisión

Juguete Mitu · Altavoz · Auriculares · Hoverboard · Colchón

Camiseta · Robot aspirador · Regleta · Cama

Lámpara de escritorio inteligente · Reloj

Cortavientos · Almohada

Colcha · Maleta

■ Marca Xiaomi ■ Marca Mijia ▨ Marca miembro del ecosistema/marca que no es miembro del ecosistema

FUENTE: Adaptado de «Una mirada en profundidad a la lógica del ecosistema de Xiaomi» [en chino], 8 de mayo de 2019, https://itw01.com/UA439ER.html.

NOTA: Mijia es una marca del ecosistema Xiaomi, que también se conoce como una submarca de Xiaomi.

proporcionando a los socios del ecosistema información para la toma de decisiones basada en datos y estrategias de marketing específicas.

El éxito de Xiaomi en el mercado de los *smartphones* se debió en parte a su modelo de negocio ágil, apoyado en una cadena de suministro madura y estrategias de marketing como el *hunger marketing* (un método por el que Xiaomi produce a propósito menos unidades de las que se demandan, creando así una sensación de exclusividad y alimentando la expectación en torno a sus productos). Sin embargo, la debilidad de su base de I+D frenó su crecimiento, sobre todo porque sus competidores introdujeron rápidamente nuevos modelos. Mientras tanto, el mercado mundial de teléfonos inteligentes experimenta una tasa de crecimiento más débil, ya que los consumidores esperan más tiempo para actualizarse a los nuevos modelos.

Ante los reveses en el mercado de los teléfonos inteligentes, Xiaomi depositó sus esperanzas aparentemente en su ecosistema para conseguir una reactivación empresarial. La palabra clave *ecosistema* se mencionó 122 veces en su informe cuando la empresa salió a bolsa en 2018.[41]

Sin embargo, una estrategia centrada en el ecosistema no resolvió el principal obstáculo al crecimiento de su negocio de teléfonos inteligentes. Aunque el saturado mercado de los *smartphones* pueda parecer poco atractivo, su uso frecuente por parte de los consumidores puede impulsar las ventas de los productos del ecosistema y fomentar la lealtad entre los socios, disuadiéndoles así de afiliarse a ecosistemas de la competencia. Si las ventas de *smartphones*, el principal producto de la empresa, siguieran cayendo, el ecosistema de Xiaomi podría venirse abajo.

Reconociendo el papel fundamental de su negocio de teléfonos inteligentes, Xiaomi reposicionó en 2020 su estrategia para centrarse en este producto. Su fundador, Lei, dejó claro que los teléfonos inteligentes seguirían siendo la piedra angular de su futuro modelo de negocio y que la IAoT se basaría en este aspecto.[42] Este enfoque renovado y el aumento de la I+D, especialmente en los dispositivos de gama alta, condujeron a un aumento de las ventas en 2021, asegurando su lugar como el tercer mayor actor en la industria mundial de teléfonos inteligentes.[43] El crecimiento del ecosistema de Xiaomi dependerá fundamentalmente de su capacidad para mantener la popularidad de su negocio de teléfonos inteligentes o para construir y hacer crecer un nuevo núcleo de ecosistema defendible (por ejemplo, en el ámbito de los automóviles).

Tanto la experiencia de Nike como la de Xiaomi subrayan la importancia de un producto o servicio básico defendible como base de un ecosistema de éxito.

Comprender y gestionar los riesgos en tu ecosistema

Algunas empresas se centran en aprovechar los recursos con los que ya cuentan en sus ecosistemas, como Anker hizo con Amazon, Costco o Apple para llegar a su base de clientes. En estos casos, los recursos ya existen en el ecosistema; las empresas solo tienen que identificar cómo utilizarlos de manera eficaz. Muy a menudo, las empresas se esfuerzan por colaborar con socios del ecosistema para desarrollar junto a ellos nuevos productos o servicios. En estos casos, se enfrentan a riesgos de innovación conjunta porque el éxito final de su innovación depende de los esfuerzos aunados y la colaboración de todas las partes implicadas.[44]

KT y 5G. Las empresas de telecomunicaciones se enfrentan a un reto: proporcionan una infraestructura de red vital y manejan una gran cantidad de datos, pero gran parte del valor económico lo captan los proveedores de contenidos de transmisión libre (*over-the-top*, OTT), como YouTube, Meta y Netflix, que operan directamente a través de internet.

En 2016, en un contexto de lento crecimiento nacional, KT Corporation, la segunda mayor operadora inalámbrica de Corea del Sur y líder en tecnologías de red, pasó a explotar sus puntos fuertes en infraestructura y red liderando el cambio del sector a los servicios 5G.[45]

La iniciativa 5G de KT se enfrentaba a riesgos de innovación conjunta, ya que no solo requería su propio desarrollo tecnológico, sino también la necesidad de contar con teléfonos 5G y contenidos y aplicaciones digitales atractivos que aprovecharan al máximo esta tecnología.

El éxito de esta innovación depende de la probabilidad de que cada socio cumpla sus compromisos. Por ejemplo, si la preparación de KT para la tecnología 5G, la disponibilidad de terminales 5G y la aparición de una *app* estrella 5G convincente tuvieran cada una una probabilidad del 70%, la probabilidad global de éxito de KT sería solo del 34% ($0,7 \times 0,7 \times 0,7$) si se trataran estos sucesos como acontecimientos independientes.

KT utilizó varias estrategias para paliar los riesgos de la innovación conjunta. En primer lugar, la empresa fomentó la colaboración con competidores para establecer directrices industriales para los equipos 5G.[46]

En segundo lugar, KT fomentó la confianza en sus iniciativas de 5G anunciando al mundo su dirección estratégica y calendario en 2015 y mostrando sus prototipos con tecnología 5G durante los Juegos Olímpicos de Invierno de 2018 en Corea. Este comportamiento contrastaba con el enfoque más reservado de muchas empresas, incluida Apple, que suelen mantener la confidencialidad de las innovaciones hasta el lanzamiento oficial de un producto. Al compartir sus avances, KT pretendía inspirar a otros agentes del sector para que adoptaran la innovación tecnológica del 5G.

KT también se centró en el desarrollo de *apps* estrella, como las que permiten ver contenidos en ultra alta definición (UHD) y la exploración de las tecnologías de realidad virtual y realidad aumentada, a pesar de la incertidumbre sobre su demanda en pantallas pequeñas. Además, la compañía colaboró con Hyundai en el sector de los vehículos autónomos, reconociendo el potencial transformador de la tecnología 5G en la comunicación en tiempo real para el transporte, aunque este sector requiere muchas innovaciones conjuntas para acabar de despegar.

En abril de 2019, KT lanzó la primera red comercial de 5G del mundo, posicionando a Corea del Sur como líder en la distribución de esta tecnología.

Sin embargo, cuatro años después, la evaluación del Gobierno reveló que el progreso del 5G en el país estaba muy por debajo de las expectativas iniciales.[47] La prometida introducción de nuevos servicios de RA, RV, contenidos en 3D e IoT no se materializó. La alta frecuencia de las señales 5G, que limita la penetración y requiere redes densas de estaciones base, junto con las incertidumbres en la captación de valor, disuadieron a KT y sus competidores de realizar inversiones agresivas en infraestructuras.

El viaje de KT hacia el 5G pone de relieve los retos de gestionar los riesgos de la innovación conjunta cuando las empresas aprovechan sus ecosistemas para innovar. Así pues, las empresas deberían intentar construir ecosistemas que requieran menos innovaciones conjuntas arriesgadas.

Tomemos como ejemplo la última iniciativa de Ping An. En 2022, esta empresa puso en marcha servicios de atención domiciliaria a personas mayores para continuar con su ecosistema de finanzas + atención a personas mayores.[48] Con un cambio social hacia una vida marcada por la independencia de las personas mayores con respecto a sus hijos y un rechazo hacia las residencias de ancianos en China, la atención domiciliaria es cada vez una solución más atractiva.[49]

Este mercado, aún incipiente en China, ofrece a Ping An la oportunidad de introducir la atención a las personas mayores a bajo coste, aprovechando su experiencia en otros ecosistemas. Por ejemplo, puede emplear el equipo médico de PAGD para diagnósticos y tratamientos en línea, así como para facilitar la atención rápida en hospitales asociados. Ping An también integra su experiencia en tecnología e inteligencia artificial, utilizando dispositivos de monitorización de la salud para controlar a distancia constantes vitales, como la presión arterial y la frecuencia cardíaca, y detectar riesgos, como caídas, trastornos del sueño y escapes de gas.

Al aprovechar muchas de sus capacidades internas, la empresa puede reducir los riesgos de innovación conjunta. Es cierto que Ping An aún tendrá que recurrir a una serie de socios, como hospitales y fabricantes de dispositivos de control sanitario, para construir este ecosistema, pero la mayoría de estos recursos ya existen y no plantean riesgos significativos de coinnovación. A pesar de las incertidumbres sobre la aceptación por parte de los ancianos chinos de esta forma de atención sanitaria basada en la tecnología, los limitados riesgos de coinnovación permiten a la empresa centrarse en sus propios riesgos de ejecución, en lugar de en los de sus socios.

Como demuestran estas historias, la coinnovación dentro de un ecosistema exige mirar más allá de las propias capacidades para considerar los riesgos asociados a la interdependencia dentro de todo el ecosistema y diseñar estrategias proactivas para minimizarlos. En general, las empresas tradicionales tendrán más éxito cuando aprovechen en gran medida los recursos existentes en sus ecosistemas para impulsar la creación de nuevo valor, en lugar de depender de muchas innovaciones de sus socios del ecosistema, lo que implica una mayor incertidumbre.

ASPECTOS QUE TENER EN CUENTA

Es innegable que las estrategias de ecosistema se han convertido en una vía esencial para la evolución y el crecimiento de las empresas tradicionales. Ofrecen oportunidades para aprovechar los recursos compartidos, impulsar la innovación y garantizar una ventaja competitiva única mediante la gestión de una red de clientes, proveedores, competidores y socios. Sin embargo, diseñar y aplicar estas estrategias no está exento de importantes retos.

Este capítulo hace hincapié en la necesidad de una mentalidad adecuada y de flexibilidad a la hora de decidir si convertirse o no en un *hub*. También subraya la importancia de sentar las bases de un ecosistema sólido y de gestionar eficazmente la coinnovación.

Como demuestran los ejemplos ofrecidos, las empresas deben desarrollar sus propias estrategias de ecosistema a medida en lugar de imitar a los gigantes tecnológicos. Esto requiere un profundo conocimiento de los objetivos estratégicos, los recursos y las capacidades de la empresa. Solo con este conocimiento puede una empresa identificar y colaborar eficazmente con socios que realmente complementen y refuercen sus operaciones, logrando así un mayor éxito con un ecosistema mutuamente beneficioso.

5
Aprende a gestionar a los amienemigos

«Ser o no ser», se preguntaba Hamlet hace más de cuatrocientos años. Hoy, muchos minoristas tradicionales se enfrentan a una pregunta similar: «Vender o no vender (en Amazon)».

X Fire Paintball & Airsoft (X Fire), un minorista de armas y suministros de *paintball* con sede en Auburn (Massachusetts) desde hace más de veinticinco años, experimentó un aumento significativo de las ventas cuando empezó a vender en Amazon en 2012. Las ventas en línea constituían el 80 % de todas las que hacía la empresa. Steve Herbert padre y Steve Herbert hijo, los propietarios, descubrieron que los beneficios compensaban con creces las comisiones que X Fire tenía que pagar a Amazon.[1] Al igual que a otros miles de distribuidores de productos de *paintball*, Amazon ha ayudado a la empresa a ampliar enormemente su base de clientes. En palabras de los dos Herbert, «su negocio habría muerto sin Amazon».

Sin embargo, apenas cuatro años después, las ventas de los productos más vendidos de X Fire cayeron en picado. Los Herbert no tardaron en descubrir la causa: Amazon había empezado a comprar los mismos productos directamente a sus proveedores, lo que implicaba, en esencia, competir con ellos: un amigo que se había pasado al bando contrario.

Al igual que X Fire, numerosas empresas, principalmente pequeñas tiendas físicas, deben navegar por agitadas relaciones con gigantes tecnológicos. La mayoría de las empresas tradicionales no aspiran a convertirse en gigantes tecnológicos ni disponen de los recursos necesarios para ello. Dado el poder de mercado de estos titanes tecnológicos, las empresas más pequeñas a menudo se ven obligadas a colaborar con ellos.

Como en el caso de X Fire, la asociación con gigantes tecnológicos genera valor y oportunidades. Permite acceder a una amplia base de clientes que antes de la llegada de los gigantes tecnológicos estaba fuera de su alcance. Durante la pandemia, muchos restaurantes tradicionales apenas sobrevivían. Incluso los pizzeros más tradicionales de Italia se asociaron con plataformas de reparto de comida a domicilio para atender a los consumidores en 2020.[2] Del mismo modo, en Shanghái, las aplicaciones de reparto de comida a domicilio se convirtieron en un salvavidas para los ciudadanos, los proveedores y los propietarios de fábricas de alimentos en la primavera de 2022, durante los duros confinamientos.

Las empresas tradicionales también pueden beneficiarse de la colaboración con los gigantes tecnológicos para acceder a otros recursos, como a información sobre los clientes. En el centro de China, un fabricante de papel para servilletas y pañuelos, Corou, se dedicaba a un negocio con un escaso beneficio bruto, en torno al 3 %. Al principio se enfrentó a varios retos, como la falta de acceso a los consumidores finales y problemas en la cadena de suministro. Cuando empezó a vender en PDD, el segundo mayor mercado de comercio electrónico de China, Corou pudo acceder directamente a un tráfico masivo de compradores y recibió orientación de la plataforma sobre las características de los productos y los precios.[3]

Aprovechando estos recursos, Corou implementó dos cambios clave: en primer lugar, la empresa redujo ligeramente el tamaño del papel y, en segundo lugar, trasladó su línea de producción al mismo polígono industrial que su proveedor de materias primas, lo que redujo en gran medida los costes de envío. Tan solo dos años después, Corou alcanzó la impresionante cifra de 1,65 millones de pedidos vendidos a través de la plataforma PDD. También fue capaz de reducir el precio del mismo producto en un 3,4 %, como resultado de la mejora de la eficiencia de la producción y el ahorro de costes.[4]

Colaborar con gigantes tecnológicos también permite a las empresas tradicionales acceder a tecnologías avanzadas. Por ejemplo, tras la decisión de OpenAI de abrir su producto para convertirlo en una plataforma, empresas de diversos sectores empezaron a asociarse con ella y a aprovechar su gran modelo de lenguaje para potenciar sus propios negocios.

Hoy en día, una gran mayoría de las empresas tradicionales colaboran con gigantes tecnológicos de un modo u otro. Muchas han visto algún impacto positivo en sus negocios. Sin embargo, los rivales inteligentes no se conforman con estos éxitos iniciales. En su lugar, anticipan los riesgos potenciales que podrían surgir y empiezan a diseñar estrategias de defensa desde el principio de estas colaboraciones. Al desarrollar de forma proactiva nuevas capacidades para aplicar estas estrategias de defensa, estas empresas con visión de futuro refuerzan su posición y aprenden a gestionar eficazmente las complejas relaciones que mantienen con los gigantes tecnológicos.

LOS RIESGOS DE ASOCIARSE CON GIGANTES TECNOLÓGICOS

Como ilustra el caso X Fire, los socios pueden convertirse en competidores. Los gigantes tecnológicos pueden ofrecer productos y servicios que compitan con las ofertas de sus socios o las sustituyan. Estas acciones pueden erosionar la cuota de mercado y los márgenes de beneficio de las empresas tradicionales, disminuyendo su capacidad de obtener valor. En esencia, las empresas tradicionales pueden encontrarse en una posición paradójica en la que simultáneamente se asocian con las plataformas y compiten contra ellas.

Amazon Marketplace, lanzado en 2000 y abierto a vendedores externos, posicionó a la empresa como minorista y proveedor de plataformas. En el segundo trimestre de 2022, los vendedores externos representaron el 57% de todas las unidades vendidas en la plataforma, una cifra récord.[5] Se sabe que Amazon utiliza los datos que recopila de estos vendedores para desarrollar sus propios productos de marca propia, aprovechando información como las ventas totales y la comisión que la plataforma obtiene de cada transacción.[6] Esta competencia no debería sorprender a nadie. Estamos acostumbrados a ver cómo los minoristas tradicionales, desde CVS Pharmacy hasta Costco Wholesale, colocan sus propias etiquetas genéricas junto a los productos de marca a precios más bajos en las mismas estanterías de sus tiendas.

En comparación con estas tiendas minoristas físicas, las plataformas digitales disfrutan de un coste de innovación y experimentación mucho menor gracias al espacio virtual ilimitado. Al invitar a muchos vendedores externos a incluir sus productos en su plataforma, están creando un gigantesco laboratorio de innovación en el que estos terceros asumen el coste de la innovación y proporcionan a los gigantes tecnológicos información sobre qué productos o servicios tienen más probabilidades de éxito.

En el caso de los minoristas que no basan su negocio en la web, organizar este tipo de comparativa entre muchos productos puede resultar costoso y difícil debido a las limitaciones del espacio físico. Además, la capacidad de agregar una gran cantidad de datos en un breve período de tiempo ofrece a los gigantes tecnológicos una visión más precisa y temprana que a las empresas físicas tradicionales. Como nos dijo Steve Herbert padre: «Creo que, en muchos casos, hago las pruebas de mercado y el desarrollo, demuestro que un producto concreto tendrá éxito y entonces llega Amazon y me *roba* el negocio».

Hemos analizado una serie de ámbitos en los que tu empresa podría tener que ser cautelosa al tratar con gigantes tecnológicos. He aquí algunas cuestiones específicas que tener en cuenta a la hora de establecer alianzas:

Algoritmos de recomendación

Los gigantes tecnológicos pueden diseñar sus algoritmos de recomendación para captar más valor de sus socios. Estos algoritmos suelen ser demasiado complejos de interpretar para las personas ajenas a la empresa. Los clientes no saben realmente por qué algunos productos aparecen antes que otros en sus resultados de búsqueda. En Estados Unidos, por ejemplo, en 2019 se informó de que Amazon había cambiado su algoritmo secreto para priorizar la rentabilidad sobre la relevancia o, en otras palabras, para favorecer sus propias marcas, que son más rentables para la empresa.[7]

Tasas

Los gigantes tecnológicos pueden subir las tasas una vez que han alcanzado cierto poder de mercado para captar más valor de terceros. Durante la pandemia de la COVID-19, muchos restaurantes de Estados Unidos tuvieron que pagar elevadas comisiones a las empresas de reparto de comida, de las que dependían para sobrevivir. Aunque la ciudad de Nueva York impuso límites temporales a las comisiones, tres de los mayores gigantes del reparto de comida del país, DoorDash, Grubhub y Uber Eats, presentaron una demanda en septiembre de 2021 para impedir que la ciudad aplicara la ordenanza de limitación de esas comisiones.[8]

Políticas de control de acceso a datos

Los gigantes tecnológicos pueden ajustar políticas de uso que tal vez no se alineen con los mejores intereses de terceros. Por ejemplo, Apple anunció en 2020 una importante política (la App Tracking Transparency) que exige que las aplicaciones de terceros deban pedir permiso para rastrear los datos de los usuarios. Presentada como una herramienta para mejorar la privacidad, Apple redujo significativamente la capacidad de las aplicaciones de terceros para así ofrecer anuncios personalizados a sus usuarios sin el consentimiento explícito de estos.

Como resultado, muchos desarrolladores de aplicaciones se enfrentaron a un descenso de los ingresos por publicidad que ya no les permitía ofrecer sus aplicaciones de forma gratuita y les llevó a cambiar su modelo de negocio —basado en la publicidad— para empezar a cobrar una cuota.[9] Apple podía beneficiarse de este cambio de modelo de negocio, ya que con frecuencia recibe comisiones de los pagos de los usuarios.

Datos del cliente

Es muy probable que trabajar con gigantes tecnológicos implique perder el control de los valiosos datos de los clientes. El acceso de tu empresa a los datos de los clientes y, en última instancia, la relación con ellos, está a merced de las políticas de las plataformas. Por ejemplo, el acceso a los datos ha sido uno de los principales puntos de fricción entre los restaurantes y las plataformas de reparto de comida. Es comprensible que las plataformas de reparto quieran ser dueñas de la relación con el cliente y conservarla. Los restaurantes consideran que son ellos quienes prestan los servicios y se quejan de que no tienen acceso a la información de los comensales cuando los pedidos se realizan a través de las plataformas. En un intento por parte de la ciudad de Nueva York por ayudar a los restaurantes en apuros durante la pandemia, la ciudad ordenó a las empresas de reparto de comida a domicilio que compartieran más datos con los restaurantes, como el nombre del cliente, la información de contacto y la dirección de entrega.[10] DoorDash y Grubhub reaccionaron presentando demandas contra el gobierno de la ciudad en diciembre de 2021, alegando implicaciones de privacidad y los derechos de los datos de los clientes.[11]

En China, es posible que muchos consumidores y comerciantes aún recuerden las desavenencias entre Cainiao Smart Logistics Network (Cainiao), el brazo logístico de Alibaba Group, y SF Express, la principal empresa de mensajería del país, en 2017. Cainiao y SF Express habían sido socios estrechos: esta última compañía enviaba una parte significativa de los paquetes para Cainiao. La disputa comenzó cuando esta empresa anunció que eliminaría a SF Express de su plataforma, lo que significaba que los clientes de comercio electrónico de Alibaba no podrían elegir SF Express como su servicio de mensajería. Cainiao alegó problemas de intercambio de datos como motivo de la decisión. SF Express había dejado de compartir ciertos datos con aquella, información que consideraba esencial para operar sin problemas y ofrecer un mejor servicio al cliente. SF Express respondió acusando a la empresa de mensajería de prácticas monopolísticas y presentó una denuncia ante el ente regulador industrial, la Oficina Estatal de Correos de China, alegando que Cainiao estaba utilizando su posición dominante en el mercado para obligar a SF Express a compartir datos.

La disputa pilló desprevenidos a los vendedores, que se apresuraron a buscar otras opciones de logística.[12] La situación se resolvió después de que el regulador interviniera e instara a ambas partes a encontrar un acuerdo y proteger los derechos de los clientes.[13]

Tu propuesta de valor

Otro peligro potencial inherente a la asociación con gigantes tecnológicos está relacionado con la propuesta de valor de los productos. Trabajar con un gigante tecnológico puede suponer el riesgo de convertir un producto en una mercancía, porque estos gigantes suelen ofrecer un entorno estandarizado que limita la diferenciación y la innovación. Por ejemplo, las plataformas de comercio electrónico utilizan el mismo formato para mostrar cada producto. Esta presentación uniforme puede hacer que los productos de mayor calidad parezcan similares a los productos de calidad intermedia. Además, las plataformas suelen tener un sistema de recomendación que favorece los productos de menor precio y con grandes descuentos, lo que puede presionar a las empresas a bajar los precios para seguir siendo competitivas. Esta elección de diseño puede llevar a una situación en la que el precio se convierte en el principal diferenciador y los productos se mercantilizan en exceso.

JUGUEMOS A DEFENDERNOS

Las empresas tradicionales pueden utilizar varias estrategias para mitigar los riesgos de estas asociaciones.

Desacoplamiento

Con tantos riesgos potenciales por delante, algunas empresas tradicionales simplemente optan por no tratar con plataformas digitales y seguir el juego por su cuenta. Nike, la mayor empresa de deportes del mundo, anunció en 2019 que dejaría de vender productos en Amazon, una medida para limitar las ventas no autorizadas, así como para redirigir las ventas a sus propios canales en línea.[14] El minorista de ropa estadounidense Gap, que buscaba múltiples canales para impulsar sus ventas, decidió finalmente no vender en mercados como Amazon tras un largo debate interno.[15]

Del mismo modo, a medida que Amazon continuó mejorando sus capacidades de entrega internas y asumió cada vez más responsabilidades de envío, FedEx, un facilitador clave en el crecimiento de Amazon, decidió rescindir sus acuerdos de entrega con el gigante tecnológico en 2019.

Estas decisiones no son fáciles de tomar. Es evidente que las empresas, al decidir no asociarse, renuncian conscientemente a las numerosas ventajas que aportan las asociaciones. Incluso si están dispuestas a renunciar a tales ventajas, necesitan desarrollar todas las capacidades necesarias para servir directamente a los usuarios por sí mismas, y no siempre es el caso de que puedan hacerlo a un coste inferior al que podrían hacerlo estos gigantes tecnológicos.

La disyuntiva es aún más difícil de evaluar cuando se trata de nuevas tecnologías y modelos de negocio. Los fabricantes de automóviles de todo el mundo se enfrentan a este dilema en la carrera hacia la comercialización de los vehículos autónomos. Desde Waymo —la unidad de conducción autónoma de Alphabet— y Tesla en Estados Unidos hasta Huawei y Baidu en China, todos han expresado su interés en asociarse con fabricantes de automóviles tradicionales para desarrollar estos nuevos vehículos. A primera vista, esta colaboración es muy complementaria y puede ser beneficiosa para ambas partes. Los fabricantes de automóviles destacan en la fabricación de coches, pero por lo general carecen de competencias en IA. No poseen activos digitales como los mapas de alta precisión, fundamentales para el mundo de la conducción autónoma. Y estos gigantes tecnológicos no tienen experiencia en la fabricación de automóviles.

Pero, al mismo tiempo, las empresas con visión de futuro pueden tener varias preocupaciones. En el mundo de la conducción autónoma, una parte sustancial de la creación de valor en los viajes en coche procederá de los servicios que ofrezca el vehículo, porque los pasajeros ya no tendrán que prestar atención a la carretera. Por ejemplo, Google puede ofrecer a los pasajeros publicidad basada en la localización y servicios patrocinados por anuncios, como YouTube. Estos gigantes tecnológicos están en condiciones de captar la mayor parte de este valor gracias a su control del *software*. ¿Deberían los fabricantes de automóviles tratar de asegurarse una parte de este valor?

Además, a los fabricantes de automóviles les preocupa la posible erosión del valor de su marca. Con el desarrollo de la industria automovilística, los aspectos más críticos y valiosos de los automóviles en el futuro serán sus sistemas inteligentes, los contenidos suministrados en los coches y las capacidades autónomas. Los gigantes tecnológicos seguirán manteniendo en sus manos estos aspectos más punteros y valiosos. Los fabricantes de automóviles podrían verse reducidos a meros trabajadores para estos gigantes tecnológicos.

Además, si varios fabricantes de automóviles utilizan las mismas tecnologías proporcionadas por estos gigantes tecnológicos, los consumidores podrían percibir una menor diferenciación entre los vehículos. En el futuro, un comprador de un coche podría preguntarse si debería optar por un vehículo con tecnología Google o con tecnología Tesla.

Cuando se le preguntó sobre la posibilidad de asociarse con Huawei y aprovechar su tecnología de conducción autónoma en 2021, en aquel momento el presidente Hong Chen, de la china SAIC Motor Corporation, uno de los mayores fabricantes de automóviles, respondió: «Cooperar con empresas —terceras— como Huawei en la conducción autónoma no es una opción para SAIC. Es como hacer que una empresa nos proporcione una solución técnica completa, lo que la convertiría en el alma y a SAIC en el cuerpo. SAIC no puede aceptar este resultado y quiere mantener el alma en sus propias manos».[16]

Con preocupaciones similares, los principales fabricantes de automóviles reaccionaron con fuerza para desarrollar capacidades de IA internas. Por ejemplo, en 2016, General Motors, con el objetivo de acelerar el desarrollo de coches autónomos, compró Cruise Automation, una *startup* de conducción autónoma con sede en San Francisco fundada en 2013, por más de 1.000 millones de dólares.[17] SAIC, GM, Toyota, Mercedes-Benz y Bosch invirtieron en Momenta, un proveedor chino de soluciones de conducción autónoma. Toyota también colaboró en investigación en IA con muchas de las principales universidades estadounidenses, como el MIT, Carnegie Mellon, Stanford y Princeton. En marzo de 2023, GM anunció su decisión de dejar de utilizar Apple CarPlay y Android Auto en algunos modelos nuevos de vehículos eléctricos para tener un mayor control de la pantalla del salpicadero.[18]

En el capítulo 1 hablamos de Disney+, un servicio de *streaming online* que la compañía lanzó en 2019 tras poner fin a su acuerdo de distribución con Netflix. La historia y la relación entre Disney y Netflix en términos de *streaming* pueden caracterizarse tanto por la colaboración como por la eventual competencia. El viaje comenzó en 2012, cuando las dos empresas alcanzaron un acuerdo de licencia plurianual que permitía a Netflix contar con películas y programas de televisión de Disney.[19] Sin embargo, a medida que la industria del *streaming* crecía y Disney reconocía el valor de la distribución directa, la empresa decidió dejar de contar con Netflix y lanzó su propio servicio. Aprovechando su rica cartera de contenidos, que incluía franquicias populares como las de Marvel, Star Wars y Pixar, Disney dejó que Netflix compitiera directamente con ella.

La desvinculación es una forma extrema de gestionar la relación con los gigantes tecnológicos. A raíz de ella, las empresas tradicionales se posicionan como competidores directos en lugar de socios de los gigantes tecnológicos. Sin embargo, si tu empresa no es lo suficientemente fuerte como para contar con todas las capacidades digitales por sí misma, como Nike y Disney, es importante no olvidar el «elemento amigo» de la relación de amienegimos a la hora de gestionar estas relaciones.

Puentes estratégicos entre canales

En lugar de cortar los lazos por completo, una empresa podría considerar una estrategia para tender puentes entre diferentes canales. En este caso, una empresa aprovecha al mismo tiempo el alcance y los recursos de un gigante tecnológico y trabaja para incentivar a los usuarios a interactuar directamente con la empresa, evitando así la desintermediación del gigante tecnológico. Esta estrategia refleja un equilibrio complejo y potencialmente delicado entre la utilización de los canales de distribución disponibles y la promoción de la participación directa de los consumidores.

Huazhu Group, el segundo grupo hotelero chino por número de habitaciones ofrecidas, utilizó esta estrategia para gestionar su relación con las agencias de viajes en línea (OTA, por sus siglas en inglés).[20] Las OTA —plataformas únicas que permiten a los viajeros buscar y reservar directamente hoteles, vuelos, paquetes vacacionales y otros servicios relacionados— llevan dominando el mercado chino de reservas hoteleras muchos años.

Al igual que sus homólogas, Huazhu confía desde hace tiempo en las OTA para captar nuevos clientes. De hecho, su presidente ejecutivo y fundador, Qi Ji, cofundó la mayor OTA de China, Trip.com Group, en 1999, seis años antes de fundar Huazhu, y hoy sigue formando parte de su consejo de administración. Huazhu ha estado explorando múltiples enfoques para reducir su dependencia de las OTA, un costoso canal de distribución con comisiones, desde 2020, hasta en un 20 % en China.[21]

Para poner en práctica un puente estratégico entre canales, Huazhu invirtió mucho en sus propios canales digitales y se esforzó por motivar a los huéspedes para que se unieran a su programa de fidelización y reservaran directamente a través de sus propios canales. A finales de 2021 contaba con 193 millones de miembros, lo que lo convertía en el mayor programa de fidelización hotelera de China, con un 11,9 % de miembros corporativos.[22]

Cuando visitamos un hotel Huazhu en Shanghái una tarde de julio de 2019, un recepcionista intentaba convencer a un huésped que había reservado la habitación desde Trip.com de que se hiciera miembro de Huazhu. Después de adquirir una membresía anual de oro, el huésped disfrutaría de un descuento para la próxima reserva a través del canal directo de Huazhu, lo que incluía un desayuno gratuito.

El presidente de Huazhu, Xinxin Liu, describió la relación de la empresa con las OTA como «una forma de competencia colaborativa». Las OTA, con una enorme base de usuarios, siguen siendo el primer lugar al que acuden los viajeros. «Así pues, estamos en una batalla de negociación a largo plazo con las OTA para conseguir mejores condiciones. Promovemos nuestras ventas directas y gestionamos los canales de las OTA simultáneamente», nos dijo Liu.[23]

Del mismo modo, al trabajar con plataformas, muchos restaurantes intentan desintermediar las plataformas de reparto de comida para conectar directamente con los comensales. Muchos establecimientos ya tienen o pueden desarrollar con facilidad capacidades de reparto ellos mismos; después de todo, el reparto no requiere habilidades más allá de conducir un coche o montar en bicicleta. Los servicios de entrega bajo demanda (como Olo y Relay) se han hecho populares. Permiten a los restaurantes realizar entregas a través de sus puertas virtuales (esto es, sus páginas web y aplicaciones). Dada esta tendencia, no es de extrañar que los restaurantes introduzcan notas o menús en sus pedidos de comida para animar a sus clientes a desintermediar las plataformas de entrega de comida. Además de evitar comisiones, la desintermediación permite que los participantes dejen de compartir los datos de sus transacciones. Las empresas también pueden reforzar sus marcas y tener más control sobre algunas métricas de calidad interactuando directamente con sus clientes y ejerciendo mejores controles sobre las transacciones.

Preservar y potenciar tu creación de valor único

Las empresas tradicionales deben elaborar estrategias para salvaguardar su singularidad y desarrollar enfoques innovadores para impedir que los gigantes tecnológicos repliquen fácilmente sus propuestas de valor.[24]

En Estados Unidos, en el caso de X Fire, sus propietarios se esforzaron por asegurarse de que Amazon no pudiera obtener productos idénticos de los mismos proveedores. Se pusieron en contacto directo con estos y visitaron a sus directores ejecutivos en persona. Los Herbert presentaron un argumento convincente a sus proveedores, haciendo hincapié en la importancia de su tienda física, junto con las sólidas relaciones con los clientes y la confianza que habían desarrollado. «La gente viene a pedirnos recomendaciones de productos», explica Steve Herbert padre.

«Les dijimos a nuestros proveedores que, si iban a vender directamente a Amazon, convenceríamos activamente a los clientes de nuestra tienda para que no le compraran los productos, o incluso que dejaríamos de venderlos en nuestra tienda».[25]

X Fire también informó a los proveedores de que, como principal vendedor de productos de *paintball* en Amazon, les ayuda a llegar a los clientes de la plataforma, aunque no vendan productos al gigante tecnológico directamente.

Además, X Fire introdujo modificaciones en los contratos de los proveedores, en concreto, con una política que les otorgaba el derecho a devolver los productos si los fabricantes optaban por vender directamente a través de Amazon. De hecho, X Fire lo hizo realidad cuando se produjeron infracciones y acabó perjudicando a los proveedores. En consecuencia, la empresa disuadió a varios de sus mayores proveedores de realizar ventas directas a Amazon.

Tales estrategias requieren esfuerzos constantes. La dinámica de la industria y las consolidaciones de proveedores pueden poner en peligro los acuerdos que con tanto esfuerzo ha conseguido X Fire. Con cada fusión entre proveedores, X Fire se enfrenta a la tarea de persuadir una vez más.

A veces, las colaboraciones con gigantes tecnológicos, cuando están bien diseñadas, pueden ayudar a las empresas tradicionales a profundizar en su diferenciación. Tomemos el ejemplo de Best Buy. Durante años, el rápido crecimiento de Amazon y su posición dominante en el ámbito del comercio electrónico han supuesto una importante amenaza para las tiendas de electrónica. Para seguir siendo relevante, además de igualar los precios de Amazon y aumentar su presencia *online*, Best Buy redobló su diferenciación clave con respecto al gigante: lo hizo a través de su experiencia en la tienda. Bajo el liderazgo del entonces director general Hubert Joly, la empresa puso en marcha programas de formación y nuevos incentivos para sus empleados con el fin de capacitarlos y que se comprometieran más.

Best Buy ha ampliado su oferta de servicios: Geek Squad ofrece asistencia técnica, instalación en el domicilio del cliente y servicios de reparación de los productos electrónicos. Además, la compañía ha llegado a acuerdos con grandes empresas de electrónica, como Apple, Microsoft, Samsung, Apple y Sony, para crear secciones —minitiendas— dentro de sus establecimientos.

Este formato —una tienda dentro de otra tienda— permite a los clientes explorar una amplia gama de productos de estas marcas y recibir asistencia especializada de representantes específicos.

Pero, en un giro sorprendente en 2018, Best Buy se asoció con su rival de toda la vida, Amazon. Bajo la nueva asociación, Best Buy vendería en sus tiendas televisores inteligentes equipados con el *software* Fire TV, de Amazon, y Alexa. Amazon se enfrenta a un obstáculo con los televisores, ya que los consumidores a menudo dudan en comprar si no han podido ver el producto físicamente. Evaluar la calidad comparativa únicamente a partir de imágenes en pantallas de ordenador resulta complicado. Ciertas características, como el alto rango dinámico (HDR), siguen imposibles de evaluar a distancia.[26] Por lo tanto, Amazon necesitaba un punto de venta popular para su negocio de televisores. Al asociarse selectivamente con Amazon, Best Buy mejoró aún más su imagen de marca como empresa que ofrece experiencias inigualables en la tienda, consolidando sus ventajas competitivas sobre Amazon. La asociación también redujo el incentivo de Amazon para abrir tiendas físicas de electrónica por sí misma.

Domino's empleó una estrategia similar para gestionar su relación con las plataformas de reparto de comida. Como empresa líder en pizzas a nivel mundial, despertó un interés considerable en estas plataformas digitales. Como se explica en el capítulo 1, optó en un principio por no colaborar con ellas. Sin embargo, en un giro innovador, Domino's forjó un acuerdo exclusivo global con Uber en julio de 2023 que permitió a los clientes pedir pizza a través de Uber Eats. Domino's afirmó que esta alianza ampliaría su base de clientes, llegando a nuevos segmentos en trece mercados internacionales.[27] Domino's se distingue de muchos restaurantes que se asocian con Uber al utilizar sus propios conductores para entregar los pedidos, manteniendo así su reputación como especialista en entregas.

Aprovechar a los reguladores y al público

Estamos entrando en una era en la que los reguladores de Bruselas, Washington y Pekín están frenando el poder de los gigantes tecnológicos. Aunque las motivaciones varían, todos los Gobiernos coinciden en que estas pocas grandes empresas digitales han adquirido una expansión sin precedentes y urge limitar su influencia.

En este contexto, con menos poder y opciones estratégicas limitadas, las empresas tradicionales pueden recurrir a la opinión pública, los legisladores o los tribunales para mejorar su posición relativa y su poder de negociación. Por ejemplo, la decisión de Apple de rebajar su tasa de comisión a las pequeñas empresas —terceras— puede atribuirse en parte a la disputa legal con Epic Games, una empresa estadounidense de videojuegos y desarrollo de *software* con varias franquicias de juegos populares, como es el caso de *Fortnite*. El conflicto comenzó cuando en agosto de 2020 Epic Games implementó su propio sistema de pago para eludir la comisión del 30 % de Apple en las compras dentro de la aplicación App Store.

En respuesta, Apple retiró *Fortnite* de su tienda de aplicaciones, lo que dio lugar a una demanda de gran repercusión presentada por Epic Games, alegando que Apple abusaba de su poder de mercado al cobrar una comisión elevada e imponer restricciones al uso de métodos de pago alternativos en las aplicaciones de iOS. En septiembre de 2020, Epic Games unió fuerzas con otras trece empresas destacadas, entre ellas, la plataforma de música en *streaming* Spotify y el propietario de Tinder, Match Group, para crear la Coalition for App Fairness (CAF), cuyo objetivo era llegar a un acuerdo más justo para la inclusión de sus aplicaciones en App Store, de Apple, o Play Store, de Google. En 2021, la CAF contaba con más de cincuenta miembros. [28]

Aunque el caso se resolvió a favor de Apple, la demanda y la polémica que la rodea han suscitado un debate más amplio sobre el poder y el control que las grandes empresas tecnológicas como Apple tienen sobre los desarrolladores de aplicaciones y los mercados digitales.

En noviembre de 2020, Apple introdujo el Programa para Pequeñas Empresas de la App Store, que redujo la tasa de comisión del 30 % al 15 % para los desarrolladores con menos de un millón de dólares de ingresos anuales a través de sus aplicaciones. Además, el tribunal también rechazó las políticas de Apple antirreglamentarias, permitiendo así a los desarrolladores de iOS proporcionar información sobre otras opciones de pago a sus usuarios en la *app* para que estos puedan completar los pagos en otro lugar.

Epic Games disponía de los recursos financieros para luchar contra Apple y sigue obteniendo buenos resultados tras el conflicto. Para muchos otros en la industria, el resultado de esta confrontación es crucial para su supervivencia. Tomemos como ejemplo el mundo de las noticias. Entre 2004 y 2020 se cerraron más de dos mil periódicos locales en Estados Unidos, lo que supuso la eliminación de la mitad de todos los puestos de trabajo en prensa.[29] (Algunos periodistas veteranos también perdieron su trabajo durante los recientes despidos de sus editores para recortar costes). El declive de esta industria se debió en parte a que gigantes tecnológicos como Facebook y Google les arrebataron los ingresos publicitarios. Al mismo tiempo, Facebook y Google se beneficiaron del contenido de las noticias, lo que ayudó a mantener la participación de los usuarios y generó más ingresos publicitarios, pero tenían pocos incentivos para compensar a los editores de noticias.

No hace mucho, gigantes tecnológicos como Google tenían las de ganar en la batalla con los medios de comunicación tradicionales, a pesar de que los editores de toda Europa occidental presionaron para introducir una legislación sobre derechos de autor que obligara a estas grandes tecnológicas a pagar derechos.[30] En 2004, el mayor editor de noticias de Alemania, Axel Springer, no restringió a Google el uso de sus contenidos porque el tráfico de sus sitios se había desplomado un 80% en dos semanas después de que dejara de permitir que el gigante tecnológico publicara sus fragmentos de noticias.[31] Había tenido que dar marcha atrás. Las tornas cambiaron en 2021, cuando el Parlamento australiano aprobó el histórico Código de Negociación Obligatoria de Medios de Noticias y Plataformas Digitales, cuyo objetivo era proteger a los editores de noticias del dominio de Google y otros gigantes tecnológicos.[32] A pesar de la amenaza inicial de Google de retirar su motor de búsqueda del país, el Gobierno australiano se mantuvo firme, ya que el código exige a las plataformas tecnológicas que negocien y paguen a los editores de noticias por usar sus contenidos. Al final, Google y Facebook llegaron a acuerdos con las organizaciones de noticias: Google consiguió diecinueve acuerdos de contenidos y Facebook, once.[33]

Estos acuerdos se han visto como una forma de subvencionar a la industria de los medios de comunicación en apuros y apoyar al periodismo. Alphabet y Meta, matrices de Google y Facebook, han abonado más de 200 millones de dólares australianos en pagos a editores de noticias durante el primer año de funcionamiento del código.[34]

Lo conseguido por el Gobierno australiano tiene un efecto dominó, ya que otros Gobiernos de todo el mundo están siguiendo su ejemplo.

Canadá introdujo una legislación similar, mientras que en Francia Google acordó en 2022 una nueva serie de acuerdos con editores franceses.[35] En Estados Unidos, más de doscientos periódicos de varios estados presentaron demandas antimonopolio contra Facebook y Google entre 2020 y 2021, lo que hizo que se convirtiera en un movimiento nacional.[36]

En agosto de 2022, los legisladores estadounidenses presentaron una nueva versión de la Ley de Competencia y Preservación del Periodismo (*Journalism Competition and Preservation Act*).[37] De aprobarse, permitiría a los periódicos pequeños y medianos negociar colectivamente con plataformas gigantes como Facebook y Google en igualdad de condiciones.[38] Los grandes editores, como *The New York Times* y *The Wall Street Journal*, no podrán acogerse a la ley, lo que evitará que el proyecto favorezca a las grandes publicaciones nacionales.[39] En diciembre de 2023, la votación seguía pendiente.

Cuando las empresas tradicionales libran este tipo de batallas, es importante encontrar la fuerza en los números. Aunque X Fire era uno de los principales vendedores de productos de *paintball* y *airsoft* en Amazon, no dejaba de ser un pequeño David contra Goliat. Una de las ideas que se le ha ocurrido a la empresa ha sido la de encontrar la fuerza en los números trabajando con otros vendedores externos que ofrecen productos similares a fin de presionar a Amazon para que deje de abastecerse directamente de los proveedores cuando esos productos ya los ofrecen vendedores externos en el sitio. Sin embargo, con un grupo tan dispar de vendedores, X Fire no tardó en darse cuenta de que carecía de los recursos y la capacidad necesarios para coordinar un esfuerzo de tal envergadura.

En 2018, en respuesta a la preocupación por el creciente dominio de las plataformas de comercio electrónico y su trato a los vendedores —terceros—, las pequeñas empresas de Estados Unidos formaron grupos, como el Online Merchants Guild («Gremio de Comerciantes en Línea»), para defender sus intereses. Estos grupos, que reconocen la necesidad de una representación unificada de los vendedores en internet, trabajan colectivamente para abordar cuestiones como las comisiones, las disputas sobre propiedad intelectual y la competencia con los propios productos de Amazon. Su objetivo es ofrecer una sola voz que represente a los pequeños vendedores en las negociaciones con los gigantes tecnológicos. Algunos de sus esfuerzos incluyen políticas de plataforma justas y transparentes, acceso a datos esenciales del mercado, estructuras de comisiones razonables y mejores canales de comunicación y asistencia al vendedor. Estos gremios también se centran en fomentar el intercambio de conocimientos y proporcionar recursos formativos para dotar a los pequeños vendedores de la información que necesitan para navegar por el complejo panorama de los mercados digitales.

También es crucial entender que, a pesar de la creciente eficacia de la influencia de los reguladores o la opinión pública, como demuestran estos ejemplos, el proceso para formular y promulgar nuevas normas es complejo y largo, y está plagado de una gran incertidumbre debido a los vastos recursos que tienen estos gigantes tecnológicos y la influencia que ejercen.

Además, los reguladores y las empresas tradicionales no siempre pueden presentar un caso legal con visos de éxito. Por lo tanto, aunque a las empresas tradicionales les resulte beneficioso considerar esta estrategia como una medida defensiva, no deberían depender únicamente de ella para protegerse.

ASPECTOS QUE TENER EN CUENTA

La relación entre las empresas tradicionales y los gigantes tecnológicos es dinámica. A medida que estos últimos sigan adquiriendo conocimientos específicos de la industria de las empresas tradicionales y ganen capacidades con el tiempo, sus posiciones relativas en la asociación pueden cambiar e incluso aumentar la tensión.

En consecuencia, aunque las empresas tradicionales mantengan hoy buenas relaciones con los gigantes tecnológicos, necesitan crear capacidades para protegerse a sí mismas y para competir con ellos, a fin de seguir siendo relevantes y prosperar. Cuando se prevé un futuro en el que pueden aumentar las tensiones, es importante empezar a prepararse para ese futuro con tiempo.

Por ejemplo, antes de que FedEx cortara lazos con Amazon, ya se había estado posicionando para proporcionar servicios de entrega a minoristas como Target y Walmart y había reducido su negocio relacionado con Amazon a poco más del 1 % de sus ingresos totales. Eso hizo mucho menos dolorosa la ruptura.

Los fabricantes de automóviles pueden considerarse afortunados, dado que el desarrollo de las tecnologías de los vehículos autónomos está resultando más difícil de lo previsto. Aunque Google (que ahora opera bajo el nombre de Waymo) empezó a trabajar en vehículos autónomos en

2009 con la idea de comercializarlos a partir de 2017, aún estamos muy lejos de un mundo poblado por este tipo de vehículos. Este retraso permite a los fabricantes de automóviles disponer de un tiempo valioso para desarrollar sus capacidades y competir en este panorama emergente. Si la tecnología de los vehículos autónomos hubiera estado disponible mucho antes, un gran número de fabricantes se habrían visto obligados a asociarse con gigantes tecnológicos.

Desarrollar estrategias eficaces para gestionar relaciones que mutan a gran velocidad exige tiempo. Por eso, los rivales inteligentes se anticipan a las posibles tensiones y actúan con rapidez para protegerse de la influencia invasora de los gigantes tecnológicos, en lugar de observar con pasividad el desarrollo de las relaciones. Un viejo dicho es apropiado en este caso: el mejor momento para plantar un árbol fue hace veinte años y el segundo mejor momento es *ahora*.

6
Recupérate de los baches

Convierte cada revés en una remontada.
—KOBE BRYANT

L a fortuna de New Oriental Education & Technology Group, el que fuera el mayor proveedor privado de servicios de apoyo escolar de China, cambió de la noche a la mañana el 24 de julio de 2021. Ese día, la amplia ofensiva del Gobierno chino contra los servicios de apoyo extraescolar de pago provocó despidos masivos y la venta de acciones de empresas del sector. New Oriental también despidió a sesenta mil empleados y el valor de mercado de la empresa se redujo un 90 %, unos 28.000 millones de dólares, ese año.[1] Para su fundador, Michael Yu, fue probablemente la mayor crisis a la que se había enfrentado la empresa en los últimos treinta años.

Iniciado como proveedor de clases particulares de inglés en 1993, New Oriental había experimentado una rápida expansión desde las clases particulares —de preescolar hasta la secundaria— hasta la publicación de libros y el apoyo logístico a la hora de hacer estudios en el extranjero.[2] Se convirtió en la primera institución educativa china en debutar en la Bolsa de Nueva York en 2016, mientras que su filial Koolearn fue el primer proveedor de servicios educativos en línea en realizar una oferta pública inicial (OPI) en la Bolsa de Hong Kong.[3]

Ante la creciente presión, Yu intentó reorientar su negocio hacia sectores no afectados por la normativa, como las clases de baile, la educación de adultos relacionada con la formación profesional e incluso la venta de material educativo. Pero tuvo poco éxito. Afortunadamente, en noviembre de 2021, Yu dirigió la empresa hacia el comercio electrónico vendiendo productos agrícolas en línea. El nuevo negocio despegó en junio de 2022, cuando sus antiguos tutores empezaron a enseñar inglés durante las sesiones de compra en directo por *streaming*. Enseñar inglés gratis y vender filetes y arroz, una combinación con pocos visos de éxito, se hizo viral en Douyin, la versión china de TikTok. New Oriental, famosa por sus buenos profesores, transformó su experiencia docente en habilidades de marketing. Los profesores, convertidos en *influencers*, combinan la enseñanza del inglés, el humor y las anécdotas personales —que recuerdan a su estilo en el aula— con la venta de productos.

Aunque New Oriental se vio afectada por la regulación y no por una nueva tecnología, su experiencia es consabida: su negocio se había visto interrumpido inesperadamente, poniendo en duda todo su futuro. Cuando la vida te da limones, haz (y vende) limonada. Enfrentado a este revés existencial, Yu fue capaz de crear un negocio completamente nuevo. Dos semanas después de integrar la enseñanza del inglés en su negocio de comercio electrónico a través de retransmisiones en directo, los seguidores de la marca de la empresa, Oriental Select, en Douyin se multiplicaron casi por veinte, hasta alcanzar los 18,5 millones, y las ventas de productos se situaron en 76,7 millones de dólares.[4] El precio de las acciones de la empresa se disparó casi un 300 % entre julio y diciembre de 2022 y volvió a ser rentable durante el tercer trimestre del mismo año.

De las aulas al comercio electrónico, New Oriental encontró un nuevo motor de crecimiento basado en su principal competencia. Ha innovado en el negocio del comercio electrónico en directo, diferenciándose tanto de los proveedores de tutores como de las plataformas de comercio electrónico. Los antiguos tutores de la empresa contrastan con los *influencers* de la retransmisión en directo, que a menudo promocionan productos e instan a la gente a comprar más y más rápido.

New Oriental, que se vio afectada por una regulación gubernamental, se recuperó y aprovechó la perturbación: eligió un sector que cuenta con el apoyo de la política gubernamental, ya que coincide con el objetivo de China de apuntalar la economía del medio rural. Las políticas gubernamentales, antes un factor de perturbación, se convirtieron en un propulsor para la compañía.

Otras empresas de clases particulares también intentaron cambiar de rumbo y algunas se dedicaron al material educativo o al ámbito de las ciencias de la vida. Estas, que parecen alejarse de su actividad principal original, han tenido menos éxito que New Oriental.

Al igual que New Oriental, las empresas de hoy viven con el riesgo de la disrupción muy presente. En capítulos anteriores hemos esbozado formas de reducir la probabilidad de toparse con los gigantes tecnológicos. Pero este hecho puede seguir ocurriendo por muy visionaria que sea tu empresa. Cuando suceda, ¿serás capaz de recuperarte como hizo New Oriental?

En este capítulo, analizamos los enfoques que las empresas tradicionales pueden tener en cuenta para dar un giro a sus negocios y recuperarse tras una perturbación, así como por qué pueden fracasar los enfoques estándar.

RESPONDER A LAS PERTURBACIONES

¿Cómo deben reaccionar las empresas tradicionales ante estos reveses? Por desgracia, las respuestas de la vieja escuela no suelen funcionar bien. Por lo general, las empresas tradicionales lanzan una marca para hacer frente a la competencia, intentan comprar al nuevo competidor o simplemente se centran en sus clientes principales. Pero todas estas estrategias tienen sus defectos, como veremos a continuación. También exploraremos otras dos estrategias.

Lanzar una marca para luchar

A menudo, la reacción natural de muchas empresas tradicionales es enfrentarse a un competidor tecnológico disruptivo en su propio campo lanzando una oferta similar (una marca de competencia). Cuando a una empresa no le van bien las cosas, luchar es una opción, pero muy difícil, para darle la vuelta a la situación.

Luchar requiere estar dispuesto a sufrir más dolor. (Este dolor es independiente de si la empresa tradicional intenta lanzar la marca en su seno o como negocio separado). Debido al deterioro de los resultados financieros, los directivos, sin un fuerte apoyo dentro de la organización, pueden ser rápidamente destituidos en el proceso. En consecuencia, es más probable que elijan otras opciones distintas de lucha. Las organizaciones están más dispuestas a luchar cuando todavía las dirigen los fundadores y son de capital privado, por lo que no están sometidas a la presión de Wall Street.

Esto también significa que el mejor momento para luchar es cuando el núcleo de los negocios tradicionales está sano y en crecimiento, y los beneficios adicionales pueden compensar las pérdidas que implica la lucha.

De hecho, cuando el gigante del alquiler de vídeos Blockbuster lanzó su negocio *online* en 2004 para luchar contra el servicio de DVD por correo de Netflix, que había comenzado en 1999, ya era demasiado tarde. La empresa ya tenía una deuda de alrededor de mil millones de dólares en ese momento.[5] Sus accionistas y algunos miembros del consejo de administración se opusieron con vehemencia a los planes del CEO de ampliar el negocio *online* de Blockbuster y acabaron sustituyéndolo por alguien que se centraría en las tiendas físicas para reducir las pérdidas. Según Reed Hastings, consejero delegado de Netflix en aquel momento, «si no hubiera sido por la deuda que tenían, podrían habernos matado».[6]

Luchar con una oferta similar requiere algo más que la voluntad de igualar los bajos precios y la disposición a acabar con el negocio existente. Como ilustra la historia de EbonyLife Media, la empresa con sede en Nigeria analizada en el capítulo 3, la creación de una operación digital requiere un nuevo conjunto de capacidades, muchas de las cuales no son tan fáciles de adquirir por los operadores tradicionales en un corto período de tiempo.

El sector tradicional al que pertenecemos, el de la educación superior, tampoco es inmune a la disrupción causada por la tecnología. Nuestra institución de origen, la Universidad de Harvard, se enfrenta a la creciente oleada de plataformas de aprendizaje en línea, como Coursera, LinkedIn Learning y Udemy. Coursera, fundada hace poco más de diez años, atiende ahora a más de cien millones de alumnos y ofrece más de siete mil cursos de profesionales experimentados y profesores galardonados de numerosos sectores y universidades, lo que supone un reto importante para los modelos educativos tradicionales. ¿Cómo debe responder Harvard?

A diferencia de Blockbuster, Harvard tenía la fortaleza financiera para hacer crecer una plataforma de aprendizaje como Coursera. Harvard y el MIT fundaron conjuntamente edX, una plataforma de aprendizaje en línea, poco después del lanzamiento de Coursera en 2012. Sin embargo, construir una infraestructura tecnológica avanzada, ofrecer una amplia selección de cursos comparable a la de estas plataformas y lanzar agresivas campañas de marketing para atraer a los estudiantes no forma parte de la especialidad de Harvard. La posterior venta de edX, un negocio que generó pérdidas, a 2U, otra empresa de tecnología educativa, en 2021, sirve de advertencia.

Comprar el disruptor

A veces, las empresas pueden plantearse adquirir al disruptor. A menudo es más fácil decirlo que hacerlo. La adquisición de Chewy por parte de PetSmart es un ejemplo de empresa tradicional que compra a un disruptor, pero no fue una operación fácil.

La competencia en el mercado estadounidense de productos para mascotas siempre ha sido una lucha encarnizada. En 2015, PetSmart poseía mil cuatrocientas tiendas físicas de mascotas en Estados Unidos.[7] Cuando PetSmart se dio cuenta de que Chewy, un minorista *online* de productos para mascotas, le estaba comiendo parte de la cuota de mercado, decidió comprar la *startup* en lugar de competir con ella de manera directa. Reforzar la pequeña página de comercio electrónico de PetSmart para vencer a Chewy habría sido demasiado costoso en términos de tiempo y dinero. También persistía la incertidumbre sobre la capacidad de PetSmart para atraer a los talentos de Silicon Valley necesarios para el éxito de su negocio de comercio electrónico.

En 2017, PetSmart adquirió Chewy por 3.350 millones de dólares, la mayor operación de comercio electrónico de la historia hasta aquel momento. Las dos empresas esperaban que el acuerdo mejorara las capacidades y el alcance de ambas entidades.[8] Sin embargo, el acuerdo se vio perjudicado por los prestamistas de PetSmart y por el mercado en general: Chewy, como la mayoría de los disruptores en sus inicios, no era rentable y PetSmart sumó 2.000 millones de dólares a su ya elevada deuda de 6.000 millones de dólares por un rival no rentable.[9]

Tras la adquisición, las ventas de PetSmart se ralentizaron, mientras que las pérdidas de Chewy no hicieron sino aumentar. Los bonos de PetSmart llegaron a caer a un nivel que indicaba que la empresa se encaminaba a la quiebra. Su consejero delegado dimitió cuatro meses después de la adquisición.

BC Partners, la empresa de capital riesgo que había comprado PetSmart en 2015, intervino para ayudar a reestructurar la propiedad de Chewy, allanando el camino para su salida a bolsa. También renovó la estrategia de PetSmart para hacer hincapié en sus capacidades presenciales básicas de servicios para mascotas, como las clínicas veterinarias y los servicios de peluquería, que no podían ser igualadas por sus homólogos en línea.

Chewy salió a bolsa en junio de 2019 y el precio de sus acciones subió casi un 20% el primer día de cotización, lo que supuso una ganancia en papel de unos 10.000 millones de dólares para PetSmart.[10] A medida que más dueños de mascotas pasaban a comprar *online* durante la pandemia de la COVID-19, el negocio de Chewy fue despegando hacia la rentabilidad. Lideró las ventas *online* de artículos para mascotas en Estados Unidos con un amplio margen sobre PetSmart en 2022, mientras que esta última, con 1.669 establecimientos, siguió siendo la cadena especializada en mascotas número uno en Norteamérica.[11]

Aunque la adquisición de Chewy por parte de PetSmart fue una gran inversión financiera, la integración de las dos empresas no se produjo sin problemas. Algunas personas con información privilegiada señalaron que Chewy proporcionó poca ayuda a PetSmart en lo que respecta a su estrategia en línea.[12] Al mismo tiempo, el crecimiento de Chewy hizo disminuir en gran medida las ventas en las tiendas físicas de PetSmart. Esta última anunció sus planes de vender todas las acciones de Chewy en torno a octubre de 2020. BC Partners también decidió que las dos empresas estarían mejor por separado y planeó escindirlas.[13]

La experiencia de PetSmart pone de relieve un reto fundamental de las estrategias de adquisición: adquirir un disruptor no resuelve el problema subyacente de la canibalización del negocio entre las dos entidades.

Retener a los clientes principales

Las empresas tradicionales optan a veces por redoblar la apuesta por sus clientes actuales y tratan de retenerlos frente a la disrupción.

Marriott frente a Airbnb representa una dinámica competitiva habitual entre las nuevas compañías digitales y las empresas tradicionales que tiene lugar en muchos mercados hoy en día. Marriott es la mayor empresa hotelera del mundo, con treinta marcas (desde las de gama media hasta las de lujo). A través de sus marcas, cuenta con más de 1,5 millones de habitaciones en 138 países y territorios.[14] También opera un popular programa de fidelización, Bonvoy, con más de 200 millones de miembros a finales de 2023.[15] Marriott se ha recuperado con éxito de la pandemia y se ha beneficiado del aumento posterior de los viajes.

Airbnb, la página web que permite a los anfitriones alquilar sus habitaciones a viajeros, suponía una amenaza para Marriott. Airbnb no posee ni gestiona ningún alojamiento. Empezó en 2008 después de que sus cofundadores empezaran a alquilar colchones en su propio apartamento para ganarse unos dólares. Muchos anfitriones empezaron a compartir las propiedades que no utilizaban, a menudo un dormitorio o un sofá extra, para obtener algunos ingresos. Con los años, Airbnb ha crecido exponencialmente, atrayendo una gran variedad de propiedades. A finales de 2022 ofrecía más de siete millones de anuncios en su mercado y catorce mil nuevos anfitriones se unieron a la plataforma cada mes de ese año.[16] La capitalización bursátil de Airbnb era un 40 % superior a la de Marriott en abril de 2024.

A diferencia de Marriott, que realiza inspecciones para garantizar que las propiedades bajo la marca cumplen sus normas de calidad, Airbnb se basa principalmente en las opiniones de los consumidores y en algoritmos para controlar la calidad de los alojamientos y personalizar su oferta a los huéspedes. Por ejemplo, uno de sus esfuerzos recientes consiste en utilizar la IA para evitar las fiestas en casas particulares.[17] Aun así, es más probable que los huéspedes tengan algún problema de calidad y seguridad con las estancias en Airbnb que en los hoteles Marriott.

Al principio, Airbnb se centraba principalmente en estancias de ocio y no en viajes de negocios. En cambio, los viajes de negocios constituían el 80 % de las pernoctaciones de Marriott. Como consecuencia, el impacto de Airbnb repercute normalmente en las marcas de gama baja de Marriott, mientras que los viajeros sustituyen las estancias de hotel por Airbnb en los viajes de ocio. Pero Airbnb ha identificado los viajes de negocios como una importante área de crecimiento. Los anfitriones de Airbnb pueden encontrar hoy muchos consejos en internet sobre cómo atraer mejor a los viajeros de negocios.[18]

Consciente de las diferentes capacidades de cada empresa, en lugar de ofrecer una marca para competir, Marriott trató de retener a sus clientes principales (del mundo empresarial o que se preocupan por una calidad de servicio estándar y fiable) a través de varias ofertas nuevas. Por ejemplo, creó un servicio de alquiler de viviendas privadas llamado Homes & Villas en 2019, que había crecido hasta llegar a tener sesenta mil propiedades en setenta cinco países para 2022. A diferencia de Airbnb, Homes & Villas se asocia con selectas empresas profesionales de gestión de viviendas para garantizar que las propiedades cumplen los estándares más exigentes.

En noviembre de 2022, Marriott respondió a la creciente demanda de alojamientos que combinan trabajo y ocio con la introducción de Apartments by Marriott Bonvoy. Esta oferta también se encuentra en el segmento de propiedades de gama alta y de lujo que gestiona Marriott.

Estas ofertas hacen más felices a los clientes de gama alta de Marriott y a los viajeros de negocios, y contribuyen así a frenar la invasión de Airbnb. Por ejemplo, el 90 % de las reservas de Homes & Villas proceden de miembros de Bonvoy. Los viajeros acumulan y canjean puntos Marriott en el programa de fidelidad de Bonvoy cuando se alojan en Homes & Villas o Apartments. Sin embargo, estas ofertas no atraen directamente a los principales clientes de Airbnb, es decir, los que se conforman con una estancia «buena» y no quieren pagar precios elevados por una calidad alta. En consecuencia, esta estrategia, que se centra en retener a los clientes principales, permite a Marriott ganar tiempo, pero no elimina por completo la amenaza.

Una oferta más reciente de Marriott, StudioRes, diseñada para el segmento medio de estancias prolongadas, ha empezado a permitirle acceder al grupo de mercado más consciente del presupuesto, aquel al que sirve Airbnb.[19]

Las empresas tradicionales deberían aprovechar el tiempo extra que les brindan estas nuevas ofertas para prepararse de cara a innovaciones más importantes. En última instancia, una empresa como Marriott debe identificar estrategias para reducir costes (y, por tanto, precios) y mejorar la personalización, al tiempo que mantiene su alto nivel de calidad. Este enfoque le permitirá recuperar a muchos clientes —con poco presupuesto— de competidores como Airbnb. Centrarse en los clientes principales rara vez es una respuesta suficiente por sí sola.

Presionar para que haya igualdad de condiciones

Airbnb es una plataforma que pone en contacto a viajeros con anfitriones que alquilan habitaciones. Pero la mayoría de la gente no sabe que Marriott desempeña un papel similar. Marriott solo posee una pequeña parte de sus propiedades. La mayoría de sus hoteles se explotan mediante franquicias o acuerdos de gestión con terceros propietarios. Aunque Marriott no es principalmente una plataforma digital, una parte significativa de su modelo de negocio se basa en un enfoque similar al de una plataforma, atrayendo a propietarios para que adopten la marca Marriott y conectándolos con sus usuarios.

Este modelo es muy similar al de Airbnb, ya que ambas empresas necesitan atraer y atender a dos grupos distintos de clientes. Como muestra la investigación de nuestra colega Chiara Farronato, las diferencias clave entre los modelos de Marriott y Airbnb tienen que ver con cómo gestionan la cantidad y la calidad. En plataformas como Airbnb, un anfitrión puede poner en alquiler una habitación o un apartamento en cuestión de minutos.

En consecuencia, cuando la demanda fluctúa debido a factores como la estacionalidad o acontecimientos importantes en una ciudad, más anfitriones pueden poner en alquiler sus propiedades, motivados por el mayor potencial de ingresos. En cambio, la capacidad de Marriott es relativamente fija, por lo que ampliarla requiere que los propietarios realicen inversiones no triviales, que no se revierten fácilmente.

Una segunda distinción entre los modelos operativos de las empresas tradicionales y las nativas digitales radica en cómo garantizan la calidad. Marriott opera con un conjunto de niveles de calidad: desde el económico al de lujo. Dentro de cada nivel, cada hotel debe cumplir una serie de normas de calidad. Marriott se asegura de que sus establecimientos cumplen estas normas mediante inspecciones periódicas, mientras que Airbnb depende principalmente de las opiniones de los huéspedes para controlar la calidad de sus alojamientos.

Estas diferencias clave reflejan distintas opciones operativas, ya que Marriott ejerce más control sobre las propiedades con las que trabaja. Airbnb también aspira a tener el control total de la experiencia de los viajeros durante sus estancias. Por ejemplo, la misión de Airbnb, según su informe de actualización del negocio del año 2019, es «crear un mundo en el que cualquiera pueda pertenecer a cualquier lugar; por ello, estamos centrados en crear *una plataforma de viajes que, globalmente, se encargue de cada parte de tu viaje*» (cursiva añadida).[20]

Dados los objetivos similares entre la empresa digital nativa y el negocio tradicional, no es de extrañar que los hoteles exijan cada vez más que las propiedades de Airbnb se regulen del mismo modo que los hoteles. La American Hotel and Lodging Association (AHLA), una asociación comercial que representa al sector hotelero y de alojamiento de EE. UU., ha presionado a favor de una regulación más estricta de estas plataformas para garantizar la igualdad de condiciones y abordar diversas preocupaciones asociadas a los alquileres de corta duración.

Ciudades de todo el mundo, desde San Francisco hasta París, Londres, Ámsterdam y Barcelona, han empezado a imponer requisitos a las propiedades de alquiler a corto plazo, al igual que a los hoteles. Por ejemplo, en San Francisco, los anfitriones deben registrarse en la ciudad y obtener una licencia comercial. Además, están obligados a cumplir la normativa local de seguridad, que incluye el mantenimiento de detectores de humo, detectores de monóxido de carbono y extintores en buen funcionamiento.

Al igual que los hoteles, estos anfitriones también están sujetos a un impuesto de ocupación transitoria del 14%. Como San Francisco, Ámsterdam aplica una normativa que obliga a los anfitriones a registrarse en la ciudad, al tiempo que limita el número de días de alquiler de viviendas completas a treinta días al año. Los anfitriones de Ámsterdam también están sujetos a una tasa turística, similar a la que pagan los hoteles. Además, la ciudad ha implantado normas de seguridad y sanidad para garantizar el bienestar de los huéspedes. Estas medidas pretenden paliar las desventajas en términos de coste que sufren los hoteles y fomentar un entorno más equitativo para la industria hotelera tradicional.

Los disruptores a menudo se posicionan como empresas tecnológicas que tratan de evitar la regulación y alcanzar altas valoraciones. Sin embargo, en la práctica, muchos de ellos aspiran a crear propuestas de valor similares a las de las empresas tradicionales.[21] Estas deben tratar, por todos los medios, de informar en detalle a los reguladores sobre la identidad de los gigantes tecnológicos cuando practican las mismas actividades; solo de esta manera se puede garantizar una competencia leal.

Otro ejemplo es Ant Group, que en 2004 creó Alipay, la principal plataforma de pago por móvil de China, para las plataformas de comercio electrónico de su empresa matriz, Alibaba, principalmente Taobao y Tmall. Impulsada por un mecanismo según el cual los pagos se mantienen en custodia —esto es, los fondos se retienen hasta que los compradores confirman la recepción satisfactoria de los bienes— Alipay ganó popularidad rápidamente en China, revolucionando la forma en que la gente realizaba las transacciones en línea.

Con el tiempo, Alipay amplió sus servicios más allá de los pagos en línea. En 2013, introdujo un fondo del mercado monetario, llamado Yu'e Bao, que permitía a los usuarios invertir su dinero y ganar intereses. Esta oferta fue muy popular, atrajo a millones de inversores y se convirtió en uno de los mayores fondos del mercado monetario del mundo.

En 2014, Alipay se transformó en Ant Financial Services Group y se centró en aprovechar la tecnología para ofrecer servicios financieros a particulares y pequeñas empresas desatendidos. En ese momento, Alipay tenía 190 millones de usuarios activos y dominaba los pagos móviles en China, con el 82 % del mercado del país.[22] Introdujo Sesame Credit, un sistema de calificación crediticia, basado en los datos de los usuarios, que ofrecía a los particulares una forma cómoda de acceder a los servicios de crédito. Ant también poseía el 30 % de las acciones de MYbank, del que se habla en el capítulo 2, centrado en préstamos para pymes. Además, se expandió a la gestión de patrimonios, los seguros y los préstamos al ofrecer un conjunto completo de productos y servicios financieros. Sus plataformas de préstamos Huabei y Jiebei permitían a los usuarios pedir dinero prestado para compras en línea u otros gastos sin necesidad de tarjeta de crédito.

La misión de la empresa es «permitir que todos los consumidores y pequeñas empresas tengan igualdad de acceso a los servicios financieros y de otro tipo a través de la tecnología».[23] A primera vista, esta declaración de intenciones no difiere mucho de la de los bancos, ya que estos también utilizan la tecnología. Así que, para diferenciarse de los bancos, en 2020 la empresa Ant Financial cambió su nombre por el de Ant Group y se refirió a sí misma como *techfin* en lugar de empresa *fintech*; de esta manera enfatizaba su identidad tecnológica y evitaba ser considerada una institución financiera.

Al final, esta estrategia no ha funcionado. Aunque el enfoque de Ant es «no asumir riesgos crediticios» por sí misma, por lo que solo financia el 2 % de cada préstamo, ha expuesto los riesgos del sistema financiero chino, porque la mayor parte de la deuda de 1,73 billones de yuanes (263.000 millones de dólares) de la empresa procedía de bancos y fideicomisos chinos a finales de junio de 2020.[24] Los reguladores chinos estaban especialmente preocupados por la débil gestión de riesgos de aquellos bancos más pequeños y de carácter rural que suministraban préstamos a los clientes de Ant.[25]

La esperada salida a bolsa de Ant Group fue cancelada por el Gobierno chino apenas dos días antes de su cotización en las bolsas de Hong Kong y Shanghái en noviembre de 2020. Y, unos días antes, en octubre, el multimillonario fundador Jack Ma criticó el sistema de regulación financiera de China en un discurso pronunciado en la Cumbre del Bund de Shanghái, sugiriendo que perjudicaba la innovación y obstaculizaba el crecimiento de las empresas *fintech*. Las declaraciones de Ma atrajeron la atención de manera generalizada y suscitaron preocupación entre los reguladores chinos por cuestionar la autoridad y credibilidad del sistema regulador. Además de detener su salida a bolsa, los reguladores chinos también intensificaron el escrutinio de las operaciones de Ant Group y el cumplimiento de la normativa financiera, que terminó con una multa de 7.120 millones de yuanes (984 millones de dólares) para la empresa en 2023.[26]

A medida que surgen disruptores digitales en muchas industrias tradicionales, es importante que las empresas tradicionales presten atención a las actividades que estos disruptores realizan en la práctica. Cuando se dedican a actividades similares a las suyas, es necesario informar en profundidad a los reguladores sobre por qué deben normalizarse de la misma manera para lograr un escenario de igualdad de condiciones. Por lo general, la regulación y la legislación van a la zaga de la tecnología, en constante evolución, y lleva tiempo educar a los reguladores sobre todas las implicaciones de los nuevos disruptores. Por lo tanto, es importante que las empresas tradicionales trabajen juntas y sean persistentes a la hora de informar a los reguladores.

Trazar un nuevo camino

Hay una posible respuesta adicional a la disrupción que es coherente con las recomendaciones generales de este libro. En lugar de enfrentarse de manera directa, las empresas tradicionales deberían considerar sus capacidades básicas y trazar un nuevo camino basado en lo que mejor saben hacer.

A diferencia de la Universidad de Harvard, que optó por construir una plataforma de aprendizaje digital similar a Coursera, Harvard Business

School (HBS) eligió un camino diferente para crecer. Conocida por su incomparable experiencia en el aprendizaje centrado en el participante y basado en casos, HBS optó por aprovechar la tecnología digital para ampliar su modelo de aprendizaje único de las aulas tradicionales a un entorno en línea, en lugar de limitarse a imitar a Coursera. Y, lo que es más importante, se propuso ofrecer la mejor experiencia de aprendizaje en línea posible centrada en los participantes, incorporando sesiones en línea a los programas existentes e introduciendo numerosos cursos nuevos. Las tecnologías digitales facilitaron una mayor interacción entre sus estudiantes, e incluso aquellos reacios a participar en aulas físicas se comprometieron más en su entorno de aprendizaje en línea. Reflexionando sobre este viaje, nuestro colega Stefan Thomke, director del Programa de Dirección General de la escuela, compartió su punto de vista con nosotros en 2023:

> Al principio, los interesados en el programa asumieron que nuestras clases *online* en directo eran de menor calidad con respecto al aprendizaje presencial. No podían imaginar lo que ofrecíamos y desconocían los numerosos experimentos que habíamos llevado a cabo para desarrollar una transformadora experiencia de aprendizaje en línea. En última instancia, combinamos lo mejor del aprendizaje en línea y presencial. Una vez que los participantes experimentan nuestro programa, no recibimos ningún revés en cuanto a las tasas, que siguen siendo las mismas.

Esta nueva estrategia permitió a HBS reforzar y ampliar su ventaja competitiva en el aprendizaje centrado en el participante, lo que la hizo única respecto a otras plataformas de tecnología educativa. Aunque HBS no ofrezca la amplia gama de cursos de estas plataformas ni atraiga a un volumen comparable de estudiantes, sus programas en línea no tardaron en ser rentables tras su lanzamiento.

Echemos un vistazo a cómo el competidor tradicional de Kodak abrazó la disrupción. El negocio mundial de las películas fotográficas había estado protagonizado durante décadas por el duopolio de Kodak y Fujifilm. Al enfrentarse a la misma disrupción que Kodak, Fujifilm tuvo un destino radicalmente distinto. Fujifilm se centró en sus capacidades básicas más que en los mercados en los que se encontraba.[27] El equipo de I+D de la empresa tardó un año y medio en averiguar cuál de sus tecnologías internas existentes podía encajar en el futuro mercado. Fujifilm adaptó tecnologías y las capitalizó en áreas como la farmacéutica, la cosmética y los materiales funcionales avanzados. En 2017, menos del 1% de los beneficios de Fujifilm procedían de productos tradicionales relacionados con la fotografía en película.[28] Si Kodak también hubiera tomado un nuevo rumbo e innovado, podría haber sobrevivido y prosperado.

También está la historia de Garmin, el otrora líder del mercado de productos GPS para las industrias militar y automovilística. La empresa se enfrentó a la disrupción de los teléfonos iPhone y Android con GPS, que venían con aplicaciones cartográficas gratuitas. Los datos de telefonía móvil eran caros a principios de la década de 2000. Sin embargo, con el desarrollo tecnológico, el coste disminuyó y la necesidad de un dispositivo de navegación independiente empezó a resultar obsoleta. En tres años, las ventas de unidades GPS de Garmin se desplomaron en casi 1.000 millones de dólares y el 90% del valor de mercado de la empresa se evaporó.[29]

A principios de 2009, Garmin anunció sus planes de fabricar un teléfono móvil específico para la localización en colaboración con Asus bajo una nueva marca, Garmin Nüvifone. Tras lanzar algunos modelos para los sistemas operativos Windows Phone y Android, en 2010 la empresa dejó de fabricar teléfonos inteligentes. En su lugar, miró hacia dentro y trazó una nueva dirección basada en sus principales capacidades en tecnología GPS. Invirtió en esta tecnología y la amplió a dispositivos deportivos, dispositivos de seguimiento de la actividad y navegación para barcos y aviones, entre otros segmentos. A lo largo de los años, la empresa se ha diferenciado gracias a la innovación, ya que sus productos son conocidos por ser resistentes al agua y tener una batería de larga duración. Sus dispositivos pueden realizar el seguimiento de una gama de deportes más amplia que la competencia, desde el surf hasta el esquí. El precio de las acciones de Garmin se multiplicó casi por once desde su mínimo en febrero de 2009 hasta su máximo histórico en agosto de 2021.

Incluso Nokia acabó dándose cuenta de lo acertado de esta estrategia. Perder la carrera de los *smartphones* devastó a la compañía, pero no la mató del todo. La venta de su unidad de móviles a Microsoft alivió en cierto modo a la empresa de tener que luchar con un negocio en declive y le permitió trazar una nueva senda de crecimiento.

Nokia recompró la empresa conjunta Nokia Siemens Networks (NSN), financiada con los ingresos de la operación entre Microsoft y

Nokia.[30] Tras unos años difíciles, la empresa cambió su estrategia operativa para volver a centrarse en su negocio de redes móviles e infraestructuras, un área en la que Nokia tiene una importante experiencia. La empresa se subió a la ola de la tecnología 5G y tuvo una cuota de mercado del 20% del mercado mundial de equipos de telecomunicaciones (excluyendo a China).[31]

ASPECTOS QUE TENER EN CUENTA

Cada una de estas respuestas lleva a las empresas en direcciones muy diferentes y, como resultado, pone de relieve la necesidad de un atento pensamiento estratégico. No hay una única forma correcta de responder a la disrupción y, de hecho, la decisión dependerá obviamente de las capacidades de las empresas tradicionales, así como de las oportunidades de crecimiento en otros mercados.

Las empresas tradicionales también deben considerar la rapidez con la que se produce la perturbación. En ocasiones, las disrupciones tardan mucho tiempo en causar un daño significativo. Cuando es así (como en el caso del desarrollo de vehículos autónomos analizado en el capítulo 5), la lucha se convierte en una estrategia más factible.

Sin embargo, muchas disrupciones digitales se producen con bastante rapidez (como las relativas a los servicios de transporte compartido de Uber y al ecosistema iOS basado en aplicaciones), bien porque los efectos de red alimentan su proceso de crecimiento, bien porque los disruptores suelen estar dispuestos a asumir pérdidas para establecer rápidamente sus posiciones, o bien porque los disruptores son gigantes en otra industria y disponen de los recursos para impulsar una rápida adopción.

En general, cuando la disrupción surge rápidamente y es difícil de combatir, es probable que las empresas tradicionales encuentren más éxito explorando de forma activa otras oportunidades de crecimiento.

Las experiencias de Nokia, Fujifilm, Garmin y New Oriental no son únicas. Incluso los gigantes tecnológicos han utilizado este planteamiento para recuperarse tras determinados batacazos. Apple, en lugar de luchar por aumentar su cuota de mercado en el sector de los ordenadores personales frente a la arquitectura más abierta de Wintel —como se conoce la colaboración entre Microsoft Windows e Intel para producir ordenadores personales—, decidió introducirse en la electrónica de consumo y los teléfonos inteligentes. Microsoft, preocupada por que el iPad y el *smartphone* de Apple pudieran perturbar su negocio de Windows, lanzó Surface y Windows Phone para competir, pero ninguno de los dos logró dar un vuelco a la empresa de la manzana.

Microsoft encontró por fin una nueva oportunidad de crecimiento con Azure, su servicio en la nube. El negocio de la nube despegó con éxito, en parte porque se basaba en la fortaleza de Microsoft en el desarrollo de *software* y tecnologías de servidor, así como en sus relaciones con muchas corporaciones como resultado de sus negocios a través de Windows y Office. Microsoft integró Azure con Windows y Office, una estrategia que no solo generó nuevas oportunidades de crecimiento, sino que también ayudó a mejorar la defensa de sus negocios.

Aunque es difícil predecir o adelantarse a las perturbaciones, los rivales inteligentes demuestran la capacidad de reconocerlas cuando surgen. Solo participan estratégicamente en las batallas cuando las probabilidades de triunfo están a su favor. En situaciones en las que la disrupción se desarrolla con velocidad y se hace inevitable, los rivales inteligentes se recuperan forjando una nueva trayectoria de crecimiento que capitaliza las competencias con las que ya cuentan.

CONCLUSIÓN
Convertirse en rivales inteligentes

Las tecnologías digitales, incluidos los recientes avances en IA, ofrecen grandes oportunidades a las empresas para que crezcan y amplíen su alcance utilizando datos, algoritmos y redes. Esto es válido tanto para los gigantes tecnológicos como para las empresas tradicionales.

Muchas empresas tradicionales han encontrado el éxito adoptando una mentalidad de anteponer lo digital y situar la innovación digital en el centro de sus estrategias. Este cambio es evidente en la forma en que sus líderes definen sus compañías. Por ejemplo, Patrick Doyle, antiguo CEO de Domino's Pizza, se refirió a ella como una empresa tecnológica que casualmente vende pizzas.[1] John Deere, fundada en 1837 y conocida por sus equipos agrícolas, de construcción y forestales, se considera una empresa tecnológica que produce grandes tractores.[2] Del mismo modo, tras observar que su empresa tenía el doble de ingenieros que de banqueros, Piyush Gupta, CEO de DBS Bank, describió su organización como una empresa tecnológica que ofrece servicios financieros.[3]

Sin embargo, no basta con adoptar una mentalidad de «lo digital primero». Las experiencias de estas empresas también subrayan la necesidad crítica de seleccionar la dirección estratégica adecuada, el tema central de estas páginas.

A lo largo de este libro, hemos hecho hincapié en que las empresas tradicionales deben esforzarse por convertirse en rivales inteligentes forjando sus propios caminos y evitando caer en la trampa de imitar a los gigantes tecnológicos, que suele ser el camino más difícil hacia el crecimiento y el éxito. Convertirse en rivales inteligentes implica diseñar estrategias únicas para potenciar su ventaja competitiva, impulsar la idea de que el cliente está en el centro del negocio, hacer crecer plataformas y ecosistemas, navegar por el caos de las relaciones y adaptarse a las disrupciones. Los líderes empresariales deben cultivar una mentalidad de rival inteligente, participando constantemente en estrategias contra las que a los gigantes tecnológicos les resulta difícil competir.

Ahora que ya has leído el libro, es el momento de centrarte en tu propia organización y considerar cómo puedes convertirte en un rival inteligente en tu área. Empieza por aplicar las ideas del libro respondiendo a las siguientes preguntas:

- ¿Cuáles son los *puntos fuertes*, los más competitivos, de tu empresa en esta era digital? ¿Cómo puedes aprovechar las tecnologías digitales u otras innovaciones para potenciar esos puntos fuertes?
- ¿Qué *datos exclusivos* puede recopilar tu empresa y cómo esta puede distinguir su información de la que recopilan los gigantes tecnológicos?
- Teniendo en cuenta tu base de usuarios y tus datos, ¿existe la oportunidad de desarrollar una plataforma? ¿Qué cambios son necesarios en tu modelo operativo para hacer crecer este *negocio de plataformas*?
- ¿Cómo puedes aprovechar a los gigantes tecnológicos para ampliar y fortalecer *tu ecosistema*?
- ¿Qué riesgos potenciales prevés al *trabajar con gigantes tecnológicos* y cuáles son tus estrategias de defensa?
- ¿Qué *disrupciones* se están produciendo en tu sector y qué estrategias piensas aplicar en respuesta?

Al reflexionar sobre estas preguntas, verás que el camino para convertirte en un rival inteligente está pavimentado con innovación. Se trata de utilizar las tecnologías digitales para descubrir soluciones y oportunidades que aprovechen tus puntos fuertes y te diferencien de los gigantes tecnológicos. Este libro pretende inspirarte y capacitarte para iniciar tu viaje con entusiasmo y una visión más clara de futuro.

La era digital está llena de oportunidades a la espera de que rivales inteligentes como tú las aprovechen. ¡A por ellas!

Notas

Capítulo 1

1. James F. Peltz, «Domino's Pizza Stock Is Up 5,000 % since 2008. Here's Why», *Los Angeles Times*, 15 de mayo de 2017, www.latimes.com/business/la-fi-agenda-dominos-20170515-story.html.
2. Michael Janofsky, «Domino's Ends Fast-Pizza Pledge after Big Award to Crash Victim», *The New York Times*, 22 de diciembre de 1993, https://www.nytimes.com/1993/12/22/business/domino-s-ends-fast-pizza-pledge-after-big-award-to-crash-victim.html.
3. «Domino's Launches Revolutionary Customer Tool: Pizza Tracker», comunicado de prensa de Domino's, 30 de enero de 2008, https://dominos.gcs-web.com/news-releases/news-release-details./dominos-launches-revolutionary-customer-tool-pizza-trackertm.
4. «Domino's Launches Revolutionary Customer Tool».
5. Domino's Pizza, «Innovations», https://biz.dominos.com/about-us/innovations/.
6. Susan Berfield, «Domino's Atoned for Its Crimes against Pizza and Built a $9 Billion Empire», *Bloomberg Business Week*, 15 de marzo de 2017, https://www.bloomberg.com/features/2017-dominos-pizza-empire/.
7. Julianne Pepitone, «Domino's Tests Drone Pizza Delivery», *CNN Business*, 4 de junio de 2013, https://money.cnn.com/2013/06/04/technology/innovation/dominos-pizza-drone/index.html.
8. Lizzy Alfs, «What's Next for Domino's Pizza? CEO Patrick Doyle Outlines Some Goals», *Ann Arbor News*, 1 de septiembre de 2013, http://www.annarbor.com/business-review/whats-next-for-dominos-pizza-ceo-patrick-doyle-outlines-some-goals/.
9. «Domino's and Nuro Launch Autonomous Pizza Delivery with On-Road Robot», comunicado de prensa de Domino's, 12 de abril de 2021, https://dominos.gcs-web.com/news-releases/news-release-details/dominosr-and-nuro-launch-autonomous-pizza-delivery-road-robot.

10. «Domino's Pizza Inc (DPZ) Q4 2020 Earnings Call Transcript», The Motley Fool, 25 de febrero de 2021, https://www.fool.com/earnings/call-transcripts/2021/02/25/dominos-pizzainc-dpz-q4-2020-earnings-call-transc/.

11. «Domino's Introduces a New Way to Order Using Uber Eats Marketplace», comunicado de prensa de Domino's, 12 de julio de 2023, https://ir.dominos.com/news-releases/news-release-details/dominosr-introduces-new-way-order-using-uber-eats-marketplace.

12. Matthieu Quenard, «Is Amazon Winning as a Prestige Beauty Retailer?». LinkedIn, 17 de febrero de 2017, https://www.linkedin.com/pulse/amazon-winning-prestige-beauty-retailer-matthieu-quenard/.

13. Quenard, «Is Amazon Winning?».

14. Rina Yashayeva, «Battle of the Beauties: Amazon vs. Sephora», Stella Rising, 20 de mayo de 2020, https://www.stellarising.com/blog/amazon-premium-beauty-vs-sephora.

15. Sephora, «Virtual Artist», https://www.sephora.my/pages/virtual-artist.

16. «Sailthru's Fourth Annual Retail Personalization Index Highlights Thriving Retail Brands», Sailthru, 3 de marzo de 2021, https://www.globenewswire.com/news-release/2021/03/03/2186321/0/en/Sailthru-s-Fourth-Annual-Retail-Personalization-Index-Highlights-Thriving-Retail-Brands.html.

17. Julianna Wu, «Carrefour China Owner Suning Reports 17% Drop in 2019 Net Profits», KrASIA, 17 de marzo de 2020, https://kr-asia.com/key-stat-carrefour-china-owner-suning-reports-17-drops-in-2019-net-profits.

18. «Suning Finance Overview», perfil de empresa, PitchBook, https://pitchbook.com/profiles/company/223658-29; Ant Group, «Our History», Ant Group, https://www.antgroup.com/en/about/history.

19. «Alibaba Buys Half of Guangzhou Evergrande Football Club», BBC News, 5 de junio de 2014, https://www.bbc.com/news/business-27709641; Shen Xinyue y Denise Jia, «In Depth: How Suning Fell into Crisis as JD.com Surged», Caixin Global, 24 de marzo de 2021, https://www.caixinglobal.com/2021-03-24/in-depth-how-suning-fell-into-crisis-as-jdcom-surged-101679296.html; Adam Jourdan, «China's Suning Buying Majority Stake in Inter Milan for $307 Million», Reuters, 5 de junio de 2016, https://www.reuters.com/article/us-soccer-inter-milan-suning-idUSKCN0YR03T.

20. Hen Xinyue et al., «What Will Suning Have to Sell Next?», Caixin Global, 22 de marzo de 2021, https://www.caixinglobal.com/2021-03-22/cover-story-what-will-suning-have-to-sell-next-101678279.html.

21. Xinyue et al., «What Will Suning Have to Sell Next?».

22. «Alibaba, JD.com Lead in China, but a Few Others Are Making Dents, Too», eMarketer, 2 de julio de 2019, https://www.emarketer.com/content/alibaba-jd-com-lead-in-china-but-a-few-others-are-making-dents-too.

23. Blake Schmidt, «Billionaire Chairman Quits after Suning's China-Led Bailout», *Bloomberg*, 12 de julio de 2021, https://www.bloomberg.com/news/articles/2021-07-12/suning-s-billionaire-chairman-quits-after-china-led-bailout.

24. Katie Robertson, «The New York Times Passes 10 Million Subscribers», *The New York Times*, 8 de noviembre de 2023, https://www.nytimes.com/2023/11/08/business/media/new-york-times-q3-earnings.html.

25. «The New York Times Company Reports 2021 Fourth-Quarter and Full-Year Results», comunicado de prensa, 2 de febrero de 2022, https://s23.q4cdn.com/152113917/files/doc_news/2022/02/NYT-Press-Release-12.26.2021-PpCb082.pdf.

26. «The New York Times Company Reports 2021 Results».

27. Katie Robertson y John Koblin, «The New York Times to Disband Its Sports Department», *The New York Times*, 10 de julio de 2023, https://www.nytimes.com/2023/07/10/business/media/the-new-york-times-sports-department.html.

28. «The New York Times Company Reports Fourth-Quarter and Full-Year 2022 Results», comunicado de prensa, 8 de febrero de 2023, https://s23.q4cdn.com/152113917/files/doc_news/2023/NYT-Press-Release-Q4-2022-Final-gRYq6MI.pdf, 13.

29. «Our Heritage», IKEA, https://www.ikea.com/us/en/this-is-ikea/about-us/our-heritage-pubde78e100.

30. Thomas Stackpole, «Inside IKEA's Digital Transformation», hbr.org, 4 de junio de 2021, https://hbr.org/2021/06/inside-ikeas-digital-transformation.

31. Sarah Whitten, «Disney Expects to Take a $150 Million Hit as It Cuts Ties with Netflix-and That's OK», *CNBC*, 5 de febrero de 2019, https://www.cnbc.com/2019/02/05/disney-expects-to-take-a-150-million-hit-as-it-cuts-ties-with-netflix.html.

32. Jennifer Maas, «Disney+ Tops 150 Million Subscribers, Streaming Loss Narrows to $387 Million», *Variety*, 8 de noviembre de 2023, https://variety.com/2023/tv/news/disney-plus-subscribers-150-million-earnings-1235784850/.

Capítulo 2

1. Xiaoxiao Ma, «Belle lanza un escáner de pies en 3D con Epoque» [en chino], *Sina*, 15 de agosto de 2018, https://news.sina.com.cn/c/2017-08-16/doc-ifyixcaw4988908.shtml.

2. John Kang, «Founding Family of Footwear Giant Belle Takes a Big Step into Hong Kong's Startup Scene», *Forbes*, 22 de diciembre de 2021, https://

www.forbes.com/sites/johnkang/2021/12/22/founding-family-of-footwear-giant-belle-takes-a-big-step-into-hong-kongs-startup-scene/.

3. Universidad Qingteng, «Belle International» [en chino], Qingteng One Question, 30 de noviembre de 2020, https://mp.weixin.qq.com/s/ziHdvk25Ci20CvDBa3XBxg.

4. Peter F. Drucker, *The Practice of Management* (Nueva York: Harper & Row, 1954), 37.

5. Blake Morgan, «A Global View of 'The Customer Is Always Right'», *Forbes*, 24 de septiembre de 2018, https://www.forbes.com/sites/blakemorgan/2018/09/24/a-global-view-of-the-customer-is-always-right/.

6. Marty Swant, «The World's Most Valuable Brands», *Forbes*, 30 de agosto de 2023, https://www.forbes.com/powerful-brands/list/.

7. «Coca-Cola Freestyle», Coca-Cola Company, https://www.coca-cola freestyle.com/.

8. Megan Leonhardt, «Coca-Cola Is Offering $10,000 If You Can Create the Best New Drink Flavor», *CNBC*, 3 de junio de 2019, https://www.cnbc.com/2019/05/31/coca-cola-is-offering-10000-if-you-create-the-best-new-drink.html.

9. Brian Trelstad, Nien-hê Hsieh, Michael Norris y Susan Pinckney, «Patagonia: 'Earth Is Now Our Only Shareholder'», Caso 323-057 (Boston: Harvard Business School, marzo de 2023).

10. Cara Salpini, «Patagonia Opens First Worn Wear Store», *Retail Dive*, 18 de noviembre de 2019, https://www.retaildive.com/news/patagonia-opens-first-worn-wear-store/567533/.

11. Chelsea Batter, «Patagonia's Worn Wear Collection Is Saving the Planet», *The Manual*, 21 de abril de 2020, https://www.themanual.com/outdoors/oatagonia-worn-wear-collection-recycled-recommerce/.

12. Gretchen Salois, «Patagonia's Cyber Monday Resale Success: 70% of Customers New to Worn Wear», *Digital Commerce 360,* 15 de diciembre de 2022, https://www.digitalcommerce360.com/2022/12/15/patagonias-cyber-monday-resale-success-70-of-customers-new-to-worn-wear.

13. Salpini, «Patagonia Opens First Worn Wear Store».

14. «Quarterly Retail E-Commerce Sales», *US Census Bureau News*, 17 de agosto de 2023, https://www.census.gov/retail/mrts/www/data/pdf/ec_current.pdf.

15. «MYbank Aims to Bring Inclusive Financial Services to 2,000 Rural Counties by 2025», *BusinessWire,* 30 de abril de 2021, https://www.businesswire.com/news/home/20210430005190/en/.

16. «Cómo pedir un préstamo» [en chino], MYbank, https://mobilehelp.mybank.cn/bkebank/knowledgeDetail.htm?id=1445#toMainCa.

17. «Alibaba Leverages Customer-Centric Strategy to Stay Ahead in China's E-commerce Race», KrASIA, 20 de junio de 2022, https://kr-asia.com/alibaba-leverages-customer-centric-strategy-to-stay-ahead-in-chinas-e-commerce-race.

18. International Finance Corporation, «MYbank's Gender-Driven Approach to Lending», MYbank, agosto de 2020, https://documents.worldbank.org/en/publication/documents-reports/documentdetail/150781614010889824/mybank-s-gender-driven-approach-to-lending.

19. Engen Tham y Paul Carsten, «Alibaba Affiliate Launches Internet Bank for SMEs, 'Little Guys'», *Reuters*, 25 de junio de 2015, https://www.reuters.com/article/ctech-us-alibaba-banking-idCAKBN0P50WF20150625; Yu Sho Cho, «How AI and Vast Data Support Ant Group's Financial Empire», *Nikkei Asia*, 2 de noviembre de 2020, https://asia.nikkei.com/Business/Finance/How-AI-and-vast-data-support-Ant-Group-s-financial-empire.

20. «MYbank Aims to Bring Inclusive Financial Services».

21. Partes de esta sección son una adaptación de Feng Zhu, Anthony K. Woo y Nancy Hua Dai, «Ping An: Pioneering the New Model of 'Technology-Driven Finance'», Caso 620-068 (Boston: Harvard Business School, abril de 2020, revisado en noviembre de 2020).

22. OneConnect Financial Technology Co. Ltd., «Micro-Expression Remote Interview System», OneConnect, https://www.ocft.com.sg/wp-content/uploads/2021/01/Micro-Expression-Remote-Interview-System-03.pdf.

23. Feng Zhu, Anthony K. Woo y Nancy Hua Dai, «Ping An: Pioneering the New Model of 'Technology-Driven Finance'», Caso 620-068 (Boston: Harvard Business School, abril de 2020, revisado en noviembre de 2020).

24. Sara Lebow, «Google, Facebook, and Amazon to Account for 64% of U.S. Digital Ad Spending This Year», *Insider Intelligence*, 3 de noviembre de 2021, https://www.emarketer.com/content/google-facebook-amazon-account-over-70-of-us-digital-ad-spending.

25. Annie Palmer, «Amazon Is Piling Ads into Search Results and Top Consumer Brands Are Paying Up for Prominent Placement», *CNBC News*, 19 de septiembre de 2021, https://www.cnbc.com/2021/09/19/amazon-piles-ads-into-search-results-as-big-brands-pay-for-placement.html.

26. Louise Matsakis, «Small Businesses Say They Are Hurt by Rising Costs to Advertise on Amazon», *NBC News*, 20 de febrero de 2022, https://www.nbcnews.com/tech/small-businesses-say-are-hurt-rising-costs-advertise-amazon-rcna16685.

27. Bernard Marr, «The Amazing Ways Coca-Cola Uses Artificial Intelligence and Big Data to Drive Success», *Forbes*, 18 de septiembre de 2017, https://

www.forbes.com/sites/bernardmarr/2017/09/18/the-amazing-ways-coca-cola-uses-artificial-intelligence-ai-and-big-data-to-drive-success.

28. Marr, «The Amazing Ways Coca-Cola Uses Artificial Intelligence».

29. Tanya Dua, «How Coca-Cola Targeted Ads Based on People's Facebook, Instagram Photos», *Digiday*, 16 de mayo de 2017, https://digiday.com/marketing/coca-cola-targeted-ads-based-facebook-instagram-photos/.

30. Marr, «The Amazing Ways Coca-Cola Uses Artificial Intelligence».

31. Deborah Mary Sophia, «Kroger's Digital Push to Drive 2022 Sales, Profit Higher; Shares Jump», *Reuters*, 3 de marzo de 2022, https://www.reuters.com/business/retail-consumer/kroger-beats-quarterly-sales-estimatespandemic-fueled-grocery-demand-sustains-2022-03-03/.

32. Alexander Coolidge, «Kroger's 84.51° Acquires Firm», *Cincinnati Enquirer*, 1 de agosto de 2016, https://www.cincinnati.com/story/money/2016/08/01/krogers-8451-acquires-firm/87912230/; Kannan Ramaswamy, William Youngdahl y Kelly Molera, «The Digital Transformation of Kroger: Remaking the Grocery Business», Caso TB0-636 (Boston: Harvard Business School, 2021).

33. Coolidge, «Kroger's 84.51° Acquires Firm».

34. Clayton M. Christensen, Rory McDonald, Laura Day y Shaye Roseman, «Integrating Around the Job to Be Done», Caso 611-004 (Boston: Harvard Business School, 2010).

35. «DBS Honoured as 'World's Best Bank' for Fourth Straight Year», DBS Bank, https://www.dbs.com/newsroom/DBS_honoured_as_Worlds_Best_Bank_for_fourth_straight_year_sg.

36. Vinika D. Rao, «How DBS Became the 'World's Best Bank», *INSEAD Knowledge*, 15 de noviembre de 2021, https://knowledge.insead.edu/node/17671/pdf.

37. Robin Speculand, *World's Best Bank: A Strategic Guide to Digital Transformation* (Orlando, FL: Bridges Business Consultancy, 2021), 99-100.

38. «DBS Launches Southeast Asia's Largest Bank-Led Property Marketplace», DBS Bank, https://www.dbs.com/newsroom/DBS_launches_Southeast_Asias_largest_bank_led_property_marketplace.

39. Janice Lim, «DBS Launches Property Marketplace, Its Third Online Consumer Portal», *Today Online*, 24 de julio de 2018, https://www.todayonline.com/singapore/dbs-launches-property-marketplace-its-third-online-consumer-portal.

40. Jim, «DBS Launches Property Marketplace».

41. «DBS to Roll Out 'Live More, Bank Less' Rebrand as Digital Transformation Takes Hold», *Finextra*, https://www.finextra.com/pressarticle/73937/

dbs-to-roll-out-live-more-bank-less-rebrand-as-digital-transformation-takes-hold.

42. «DBS Full-Year Net Profit Rises 20% to Record SGD 8.19 Billion», comunicado de prensa de DBS [sin fecha], https://www.dbs.com/newsroom/DBS_full_year_net_profit_rises_20pct_to_record_SGD_8_19_billion.

43. Noah Barksy, «Nike's Earnings Calls Provide a Winning Digital Transformation Playbook», *Forbes*, 27 de julio de 2021, https://www.forbes.com/sites/noahbarsky/2021/07/27/nike-earnings-calls-provide-winning-digital-transformation-playbook; «Helping to Make Sport a Daily Habit», comunicado de prensa de Nike News, https://news.nike.com/news/nike-digital-health-activity-resources.

44. «Nike Studios», Nike, https://www.nike.com/nikestudios.

45. Cara Salpini, «Nike Plans 'Network' of Boutique Fitness Studios», *Retail Dive*, 2 de agosto de 2023, https://www.retaildive.com/news/nike-boutique-fitness-studios-training-running/689705/.

46. Armondo Tinoco y Dade Hayes, «Nike Training Club Launches on Netflix», *Deadline*, 30 de diciembre de 2022, https://deadline.com/2022/12/nike-training-club-launches-netflix-1235209159/.

47. Marco Iansiti, «The Value of Data and Its Impact on Competition», documento de trabajo 22-002, Harvard Business School, Boston, 2021, https://www.hbs.edu/ris/Publication%20Files/22-002submitted_835f63fd-d137-494d-bf37-6ba5695c5bd3.pdf, 3, 5.

48. Iansiti, «The Value of Data», 5.

49. Andrei Prakharevich, «Long-Tail Keywords: Find and Use Them for SEO», SEO PowerSuite, 23 de febrero de 2021, https://www.link-assistant.com/news/long-tail-keywords.html.

Capítulo 3

1. «The App Store Turns 10», comunicado de prensa de Apple, 5 de julio de 2018, https://www.apple.com/newsroom/2018/07/app-store-turns-10/.

2. Christina Bonnington, «5 Years On, the App Store Has Forever Changed the Face of Software», *Wired*, 10 de julio de 2013, https://www.wired.com/2013/07/five-years-of-the-app-store/.

3. «Apple Announces App Store Small Business Program», comunicado de prensa de Apple, 18 de noviembre de 2020, https://www.apple.com/newsroom/2020/11/apple-announces-app-store-small-business-program/.

4. Feng Zhu y Nathan Furr, «Products to Platforms: Making the Leap», *Harvard Business Review*, abril de 2016.

5. Andy Chalk, «Valve Paid $20,000 to Hacker Who Discovered Critical Steam Security Flaw», *PC Gamer*, 13 de noviembre de 2018, https://www.pcgamer.com/valve-paid-dollar20000-to-hacker-who-discovered-critical-steam-security-flaw/; Feng Zhu y Nathan Furr, «Products to Platforms: Making the Leap», *Harvard Business Review* (abril de 2016): 73-78.

6. Jeffrey Rousseau, «Valve: During 2021 Steam Saw 2.6m First-Time Buyers Each Month», *GamesIndustry.biz*, 9 de marzo de 2022, https://www.gamesindustry.biz/articles/2022-03-09-valve-during-2021-steam-saw-2-6m-first-time-buyers-each-month.

7. «Bloomberg Billionaires Index», *Bloomberg*, https://www.bloomberg.com/billionaires/profiles/gabe-newell/#xj4y7vzkg.

8. Sarah Perez, «Zelle, the Real-Time Venmo Competitor Backed by over 30 U.S. Banks, Arrives This Month», *TechCrunch*, 12 de junio de 2017, https://techcrunch.com/2017/06/12/zelle-the-real-time-venmo-competitor-backed-by-over-30-u-s-banks-arrives-this-month/.

9. Perez, «Zelle, the Real-Time Venmo Competitor».

10. Theresa Stevens, «Zelle vs. Venmo: Which to Use and When», *Forbes Advisor,* 11 de octubre de 2022, https://www.forbes.com/advisor/money-transfer/Zelle-vs-venmo/.

11. «Zelle Soars with $80 Billion Transaction Volume, Up 28 % from Prior Year», comunicado de prensa de Zelle, 4 de marzo de 2024, https://www.zellepay.com/press-releases/zelle-soars-806-billion-transaction-volume-28-prior-year.

12. Nunez, «Zelle Records Explosive Q2 Growth».

13. «Zelle Soars with $80 Billion Transaction Volume».

14. Chiara Farronato, Stefano Denicolai y Sarah Mehta, «Telepass: From Tolling to Mobility Platform», Caso 622-011 (Boston: Harvard Business School, septiembre de 2021, revisado en diciembre de 2021).

15. Farronato *et al.*, «Telepass».

16. «Amid the Shift from Print to Digital Learning, Simon Allen, CEO of McGraw Hill, Sees Plentiful Opportunities Ahead», *CEO North America*, https://ceo-na.com/executive-interviews/a-digital-transformation-in-education.

17. Bloomberg, «McGraw-Hill Education CEO on Digital Transformation», vídeo, https://www.bloomberg.com/news/videos/2017-09-27/mcgraw-hill-education-ceo-on-digital-transformation-video?sref=gzAxNo0s.

18. «McGraw Hill and TutorMe Partner to Offer Free On-Demand Tutoring to Millions of College Students», comunicado de prensa de McGraw-Hill, 9 de julio de 2020, https://www.mheducation.com/news-media/press-releases/mcgraw-hill-virtual-tutoring-session.html.

19. Andy Wu, Feng Zhu, Pippa Tubman Armerding y Wale Lawal, «EbonyLife Media (B)», Harvard Business School Supplement 722-378 (Boston: Harvard Business Review, noviembre de 2021, revisado en diciembre de 2021).

20. Farronato *et al.*, «Telepass».

21. Farronato *et al.*, «Telepass».

22. Melissa Repko, «Asian Grocery Start-up Weee Draws Shoppers with Tradition, Tech and a Dash of Hollywood», *CNBC*, 20 de mayo de 2022, https://www.cnbc.com/2022/05/20/weee-taps-crazy-rich-asians-director-jon-m-chu-in-push-for-grocery-growth.html.

23. «Instacart Launches 'Instacart Platform' with New Advertising, Fulfillment and Insights Solutions for Retailers», comunicado de prensa de Instacart, 23 de marzo de 2022, https://www.instacart.com/company/pressreleases/instacart-launches-instacart-platform-with-new-advertising-fulfillment-and-insights-solutions-for-retailers/.

Capítulo 4

1. Salman Haqqi, «The Most Popular Fashion Brands around the World», *Money*, 10 de noviembre de 2021, https://www.money.co.uk/credit-cards/most-popular-fashion-brands.

2. Tao Lue Yang Qian, «This Chinese Company, Which You Have Never Heard Of, Has Become the Top of the Global Fashion Industry», Discurso de PKU, 20 de julio de 2021, http://www.hsmrt.com/article/10690.

3. Kristoffer Tigue, «Black Friday's 'Enormous Environmental Impact' Sparks a Green Backlash», *Inside Climate News*, 29 de noviembre de 2022, https://insideclimatenews.org/news/29112022/black-fridays-enormous-environmental-impact-sparks-a-green-backlash/; Sangeeta Singh-Kurtz, «Shein Is Even Worse Than You Thought», *The Cut*, 17 de octubre de 2022, https://www.thecut.com/2022/10/shein-is-treating-workers-even-worse-than-you-thought.html; Anna Papadopoulos, «The World's Most Valuable Unicorns, 20233, *CEO World*, 21 de abril de 2023, https://ceoworld.biz/2023/04/21/the-worlds-most-valuable-unicorns-2023/.

4. Louise Matsakis, Meaghan Tobin y Wency Chen, «How Shein Beat Amazon at Its Own Game-And Reinvented Fast Fashion», *The Guardian*, 21 de diciembre de 2021, https://www.theguardian.com/fashion/2021/dec/21/how-shein-beat-amazon-at-its-own-game-and-reinvented-fast-fashion.

5. Huang Shan, «The Secret of Shein Selling Tens of Millions of Dollars Every Day around the World Is Hidden in More Than 300 Factories in Guangzhou», *Interface News*, 17 de agosto de 2021, https://fashion.sina.com.cn/s/in/2021-08-17/1004/doc-ikqciyzm1910861.shtml.

6. Bruce Einhorn, «Shein's $100 Billion Value Would Top H&M and Zara Combined», *Bloomberg*, 4 de abril de 2022, https://www.bloomberg.com/news/articles/2022-04-04/shein-s-100-billion-valuation-would-top-h-m-and-zara-combined; «Shein: Cómo aprovecha la ola del comercio electrónico transfronterizo» [en chino], *CITIC Securities*, 11 de julio de 2021.

7. Lora Jones, «Shein: The Secretive Chinese Brand Dressing Gen Z», *BBC*, 9 de noviembre de 2021, https://www.bbc.com/news/business-59163278.

8. Jones, «Shein».

9. Morgan Stanley Research, «Shein: Disrupting Fast Fashion», 19 de octubre de 2021, 19, recuperado de *Bloomberg*.

10. Olivia Rockeman, «Shein's US Expansion Adds Pressure for Its Fast-Fashion Competitors», *Bloomberg*, 1 de noviembre de 2022, https://www.bloomberg.com/news/articles/2022-11-01/shein-delivery-times-to-decrease-with-warehouses-opening.

11. Olivia Rockeman y Devon Pendleton, «Billionaire Claure Expands Shein's Fast-Fashion Empire in Brazil», *Bloomberg*, 23 de mayo de 2023, https://www.bloomberg.com/news/articles/2023-05-23/shein-adds-100-factories-in-brazil-as-billionaire-grows-fast-fashion-empire.

12. Michelle Russell, «Shein Partners China Airline to Strengthen Logistics Capacity», 2 de agosto de 2022, *JustStyle*, https://www.just-style.com/news/shein-partners-china-airline-to-strengthen-logistics-capacity/.

13. Daomin Liu y Xinyao Liao, «Informe de comercio electrónico transfronterizo: Shein» [en chino], *Sinolink Securities*, 20 de diciembre de 2021, https://pdf.dfcfw.com/pdf/H3_AP202112211535831166_1.pdf?1640081621000.pdf, 17.

14. Matsakis *et al.*, «How Shein Beat Amazon».

15. Keith Zhai, «Fast-Fashion Giant Shein Explores Becoming Online Marketplace», *Wall Street Journal*, 12 de diciembre de 2022, https://www.wsj.com/articles/fast-fashion-giant-Shein-explores-becoming-online-marketplace-11670827480.

16. Qian, «This Chinese Company You Have Never Heard Of».

17. Packy McCormick, «Shein: The TikTok of Ecommerce», *Not Boring*, 17 de mayo de 2021, https://www.notboring.co/p/shein-the-tiktok-of-ecommerce.

18. «Shein's Market Strategy: How the Chinese Fashion Brand Is Conquering the West», Daxue Consulting, 6 de julio de 2022, https://daxueconsulting.com/Shein-market-strategy/.

19. Nick Stratt, «How Anker Is Beating Apple and Samsung at Their Own Game», *The Verge*, 22 de mayo de 2017, https://www.theverge.com/2017/5/22/15673712/anker-battery-charger-amazon-empire-steven-yang-interview.

20. Juozas Kaziukėnas, «Amazon-Native Brand Anker Goes Public», *Marketplace Pulse*, 25 de agosto de 2020, https://www.marketplacepulse.com/articles/amazon-native-brand-anker-goes-public; Anker Innovations Technology Co. Ltd. Datos de capitalización bursátil extraídos de Yahoo! Finance, https://finance.yahoo.com/quote/300866.SZ?p=300866.SZ.

21. «Day One: Stories of Entrepreneurship | Steven Yang, Anker Technology», YouTube, 4 de febrero de 2016, https://www.youtube.com/watch?v=IEhL4B5qWEE.

22. Jiangyong Lu, Shanfeng Zhang y Xuanli Xie, «Innovation-Driven International Entrepreneurship: The Case of Anker Innovations», estudio de caso de la Universidad de Pekín, 2023.

23. «About Us», Anker, https://en.anker-in.com/about/; «iF Design Award», 2022, https://ifdesign.com/en/brands-creatives/company/anker-gebrschoeller-gmbh-co-kg/2130.

24. «2021 Annual Report of Anker Innovations», Anker, 2021, http://file.finance.sina.com.cn/211.154.219.97:9494/MRGG/CNSESZ_STOCK/2022/2022-4/2022-04-12/7976955.PDF, 18; Juozas Kaziukėnas, «Anker's Sales Hit $1B on Amazon», *Marketplace Pulse*, 7 de junio de 2022, https://www.marketplacepulse.com/articles/amazon-native-brand-anker-reaches-1-billion-sales.

25. «Apple's Only Cooperating Mainland Charging Brand Anker Is a Good Partner for iPhone 13», *iNEWS*, 15 de junio de 2023, https://inf.news/en/digital/f4f6c708b6ef538eb12886b0423e953b.html.

26. Varios fragmentos de esta sección se han adaptado de Feng Zhu, Anthony K. Woo y Nancy Huai Dai, «Ping An: Pioneering the New Model of 'Technology-Driven Finance'», Caso 620-068 (Boston: Harvard Business School, abril de 2020, revisado en noviembre de 2020).

27. Ping An, Informe anual 2017, http://www.pingan.com/app_upload/images/info/upload/fefe8a8e-fd10-4814-b7b2-aaecf814ff6d.pdf.

28. Feng Zhu, Anthony K. Woo y Nancy Huai Dai, «Ping An: Pioneering the New Model of 'Technology-Driven Finance'», Caso 620-068 (Boston: Harvard Business School, abril de 2020, revisado en noviembre de 2020).

29. «Autohome at a Glance», Autohome, https://ir.autohome.com.cn/about-us.

30. «Auto Services Ecosystem», Ping An, https://group-test.pingan.com/about_us/our_businesses/auto-services-ecosystem.html.

31. Julie Zhu y Kane Wu, «Ping An Seeks to Sell $2.1 Bln Stake in Autohome-Sources», *Reuters*, 12 de noviembre de 2021, https://www.reuters.com/business/exclusive-ping-an-seeks-sell-21-bln-stake-autohome-sources-2021-11-12/.

32. Zhu y Wu, «Ping An Seeks to Sell».

33. Zhu *et al.*, «Ping An: Pioneering the New Model».
34. «Audited Annual Results for the Year Ended 31 December 2021», Ping An Healthcare and Technology Company, 15 de marzo de 2022, https://portalvhds1fxb0jchzgjph.blob.core.windows.net/press-releases-attach ments/1393371/HKEX-EPS_20220315_10154836_0.PDF.
35. Tom Marling, «Ping An Drops Property Listings Business», *AIM Group*, 25 de febrero de 2019, https://aimgroup.com/2019/02/25/ping-an-drops-property-listings-business-2/.
36. Xiang Guoliang, «La muerte de Ping An Haofang» [en chino], *Leju Finance*, 14 de febrero de 2019, https://www.lejucaijing.com/news-6501739648329760168.html.
37. «Corporate Overview», Beike, https://investors.ke.com/.
38. «DBS Launches Southeast Asia's Largest Bank-Led Property Marketplace», comunicado de prensa de DBS, 24 de julio de 2018, https://www.dbs.com/newsroom/DBS_launches_Southeast_Asias_largest_bank_led_property_marketplace.
39. «Adidas Running: Run Tracker», Google Play, https://play.google.com/store/apps/details?id=com.runtastic.android&hl=en_US&gl=US.
40. «Xiaomi-the World's Largest IoT Platform», comunicado de prensa, 6 de abril de 2018, https://miot-global.com/news-and-actions/xiaomi-the-worlds-largest-iot-platform/.
41. Xiaomi IPO Prospectus, 2018, http://cnbj1.fds.api.xiaomi.com/company/financial/en-US/IPO.pdf.
42. Ella Cao, «Xiaomi's CEO Announces Upgraded Core Strategy for Next Decade: Mobile x AIoT», *Pandaily*, 17 de agosto de 2020, https://pandaily.com/xiaomis-ceo-announces-upgraded-core-strategy-for-next-decade-mobile-x-aiot/.
43. «Xiaomi Again Advances on the Fortune Global 500 List», comunicado de prensa, 3 de agosto de 2022, http://en.ccceu.eu/2022-08/12/c_2366.htm.
44. See Ron Adner, *The Wide Lens: A New Strategy for Innovation* (Nueva York: Portfolio, 2013), capítulo 2.
45. Shane Greenstein, Feng Zhu y Kerry Herman, «Korea Telecom: Building a GIGAtopia (A)», Caso 617-014 (Boston: Harvard Business School, abril de 2017, revisado en enero de 2020).
46. Greenstein *et al.*, «Korea Telecom», 9-10.
47. Alan Weissberger, «South Korea Has 30 Million 5G Users, but Did Not Meet Expectations; KT and SKT AI Initiatives», *IEEE ComSoc Technology Blog*, 9 de mayo de 2023, https://techblog.comsoc.org/2023/05/09/south-korea-has-30-million-5g-users-but-did-meet-expectations-kts-5g-ai/.

48. «Ping An Launches Home-Based Elderlycare Service to Pursue 'Finance + Elderlycare' Business Strategy», comunicado de prensa, 11 de marzo de 2022, https://www.prnewswire.com/news-releases/ping-an-launches-home-based-elderlycare-service-to-pursue-finance--elderlycare-business-strategy-301500771.html.

49. «WeChat Speaks: Chinese Say 'No' to Nursing Homes», *Collective Responsibility*, 7 de julio de 2016, https://www.coresponsibility.com/wechat-chinese-say-no-nursing-homes/.

Capítulo 5

1. Feng Zhu y Angela Acocella, «X Fire Paintball & Airsoft: Is Amazon a Friend or Foe? (A)», Caso 617-046 (Boston: Harvard Business School, enero de 2017, revisado en agosto de 2019).

2. Giulia Morpurgo y Antonia Vanuzzo, «Domino's Pizza Quits Italy after Locals Shun American Pies», *Bloomberg*, 9 de agosto de 2022, https://www.bloomberg.com/news/articles/2022-08-09/domino-s-pizza-leaves-italy-as-traditional-margherita-wins?sref=gzAxNo0s.

3. Feng Zhu, Krishna G. Palepu, Bonnie Yining Cao y Dawn H. Lau, «Pinduoduo», Caso 620-040 (Boston: Harvard Business School, 2019).

4. Binnie Wong y Chen Wang, «Pinduoduo Initiation Report», HSBC Global Research, 31 de enero de 2019, recuperado de *Bloomberg.*

5. «Amazon (AMZN) Q2 2022 Earnings Call Transcript», *Motley Fool*, 28 de julio de 2022, https://www.fool.com/earnings/call-transcripts/2022/07/28/amazon-amzn-q2-2022-earnings-call-transcript/.

6. Dana Mattioli, «Amazon Scooped Up Data from Its Own Sellers to Launch Competing Products», *Wall Street Journal*, 23 de abril de 2020, https://www.wsj.com/articles/amazon-scooped-up-data-from-its-own sellers-to-launch-competing-products-11587650015.

7. Dana Mattioli, «Amazon Changed Search Algorithm in Ways That Boost Its Own Products», *Wall Street Journal*, 16 de septiembre de 2019, https://www.wsj.com/articles/amazon-changed-search-algorithm-in-ways that-boost-its-own-products-11568645345.

8. Kanishka Singh, «Uber Eats, DoorDash, Grubhub Sue New York City over Legislation on Commission Caps», *Reuters*, 10 de septiembre de 2021, https://www.reuters.com/technology/grubhub-doordash-uber-eats-suenew york-city-over-fee-caps-wsj-2021-09-10/.

9. Tommy Pan Fang, «Managing Platform Value through Business Model Governance», seminario en línea de la HKU Business School, 24 de sep-

tiembre de 2021; D. Daniel Sokol y Feng Zhu, «Harming Competition and Consumers under the Guise of Protecting Privacy: An Analysis of Apple's iOS 14 Policy Updates», *Cornell Law Review Online* 101, n.° 3 (1 de junio de 2021), https://papers.ssrn.com/sol3/papers.cfm?abstract_id=3852744.

10. Preetika Rana, «DoorDash Sues New York City over Sharing Data with Restaurants», *Wall Street Journal*, 15 de septiembre de 2021, https://www.wsj.com/articles/doordash-sues-new-york-city-over-sharing-data-with-restaurants-11631711461.

11. Aneurin Canham-Clyne, «Grubhub Sues NYC over Restaurant Data-Sharing Law», *Restaurant Dive*, 13 de diciembre de 2021, https://www.restaurantdive.com/news/grubhub-sues-nyc-over-restaurant-data-sharing-law/611389/.

12. Huang Yichang, «Conflict between SF and Cainiao Hits Delivery Service», *CGTN*, 2 de junio de 2017, https://news.cgtn.com/news/3d67444d7a45444e/share_p.html.

13. «Chinese Billionaires Clash over Alibaba's Parcel Deliveries», *Bloomberg*, 1 de junio de 2017, https://www.bloomberg.com/news/articles/2017-06-02/chinese-billionaires-clash-over-alibaba-s-parcel-deliveries.

14. Ben Zimmerman, «Why Nike Cut Ties with Amazon and What It Means for Other Retailers», *Forbes*, 22 de enero de 2020, https://www.forbes.com/sites/forbesbusinesscouncil/2020/01/22/why-nike-cut-ties-with-amazon-and-what-it-means-for-other-retailers/?sh=7cbb3b8e64ff.

15. Phil Wahba, «Gap Would Consider Using Amazon to Help Fix Its Sales Problem», *Fortune*, 18 de mayo de 2016, https://fortune.com/2016/05/187gap-amazon-sales/.

16. Tram News, «SAIC Refuses to Cooperate with Huawei on Autonomous Driving and Wants to Keep the Soul in Its Own Hands», *OF Week*, 5 de julio de 2017, https://nev.ofweek.com/2021-07/ART-77015-8500-30507885.html.

17. Chris Ziegler, «GM Aims to Speed Up Self-Driving Car Development by Buying Cruise Automation», *The Verge*, 11 de mayo de 2016, https://www.theverge.com/2016/3/11/11195808/gm-cruise-automation-self-driving-acquisition.

18. Joseph White, «GM Plans to Phase Out Apple CarPlay in EVs, with Google's Help», *Reuters*, 31 de marzo de 2023, https://www.reuters.com/technology/gm-plans-phase-out-apple-carplay-evs-with-googles-help-2023-03-31/.

19. Jacob Kastrenakes, «Disney to End Netflix Deal and Launch Its Own Streaming Service», *The Verge*, 8 de agosto de 2017, https://www.theverge.com/2017/8/8/16115254/disney-launching-streaming-service-ending-netflix-deal.

20. Fragmentos de esta sección se han adaptado de Feng Zhu, Yulin Fang, Bonnie Yining Cao y Duan Yang, «Huazhu: A Chinese Hotel Giant's Journey of Digital Transformation», Caso 622-071 (Boston: Harvard Business School, febrero de 2022, revisado en enero de 2023).

21. «La industria hotelera. Perspectivas para un nuevo período: el punto destacado es la alta certeza y la alta flexibilidad» [en chino], Northeast Securities Co., Ltd., 20 de noviembre de 2020, 28, https://bigdata-s3.wmcloud.com/mailreport/mailContent/1c51c814089fb296fa2237d3a22cbc4c.pdf.

22. «Huazhu Group 2021 Full Year Earnings Call Presentation», Huazhu Group, 24 de marzo de 2022, https://ir.hworld.com/static-files/9b894ed8-4585-4c4c-936f-9fbd4d9ee8f8, 14-15.

23. Zhu *et al.*, «Huazhu: A Chinese Hotel Giant's Journey of Digital Transformation».

24. Fragmentos de esta sección son una adaptación de Feng Zhu y Angela Acocella, «X Fire Paintball & Airsoft: Is Amazon a Friend or Foe? (B)», Caso 617-047 (Boston: Harvard Business School, enero de 2017, revisado en agosto de 2019).

25. Zhu y Acocella, «X Fire Paintball & Airsoft: Is Amazon a Friend or Foe? (B)».

26. Samuel Axon, «Amazon and Best Buy Team Up to Sell TVs, but It's a Risky Move for Best Buy», *Ars Technica*, 18 de abril de 2018, https://arstechnica.com/gadgets/2018/04/longtime-rivals-amazon-and-best-buy-announce-a-major-tv-partnership/.

27. «Domino's Introduces a New Way to Order Using Uber Eats Marketplace», comunicado de prensa de Domino's, 12 de julio de 2023, https://ir.dominos.com/news-releases/news-release-details/dominosr-introduces-new-way-order-using-uber-eats-marketplace.

28. Margaret Harding McGill, «Scoop: Anti-Apple Coalition Taps New Leader», *Axios*, 10 de febrero de 2021, https://www.axios.com/2021/02/10/coalition-for-app-fairness-meghan-dimuzio-exec-director.

29. Margaret Sullivan, «These Local Newspapers Say Facebook and Google Are Killing Them. Now They're Fighting Back», *Washington Post*, 2 de febrero de 2021, https://www.washingtonpost.com/lifestyle/media/west-virginia-google-facebook-newspaper-lawsuit/2021/02/03/797631dc-657d-11eb-8468-21bc48f07fe5_story.html.

30. Harro Ten Wolde y Eric Auchard, «Germany's Top Publisher Bows to Google in News Licensing Row», *Reuters*, 5 de noviembre de 2014, https://www.reuters.com/article/us-google-axel-sprngr/germanys-top-publisher-bows-to-google-in-news-licensing-row-idUSKBN0IP1YT20141105.

31. Wolde y Auchard, «Germany's Top Publisher Bows to Google».

32. Treasury Laws Amendment (News Media and Digital Platforms Mandatory Bargaining Code) Bill 2021, The Parliament of the Commonwealth of Australia, House of Representatives, https://www.accc.gov.au/system/files/Final%20legislation%20as%20passed%20by%20both%20houses.pdf.

33. Morgan Meaker, «Australia's Standoff against Google and Facebook Worked-Sort Of», *Wired*, 25 de febrero de 2022, https://www.wired.com/story/australia-media-code-facebook-google/.

34. Johannes Munter, «Australia's News Media Bargaining Code Is a Major Success That the U.S. Can Emulate», *News Media Alliance*, 25 de agosto de 2022, https://www.newsmediaalliance.org/australias-news-media-bargaining-code-is-a-major-success-that-the-u-s-can-emulate/.

35. Matthew Ingram, «Canada Imitates Australia's News-Bargaining Law, but to What End?», *Columbia Journalism Review*, 16 de marzo de 2023, https://www.cjr.org/the_media_today/canada_australia_platforms_news_law.php; Scott Roxborough, «Google News Reopens in Spain after 8-Year Break, Drops Ad Revenue Fight in France», *The Hollywood Reporter*, 22 de junio de 2022, https://www.hollywoodreporter.com/business/digital/google-news-reopens-in-spain-reaches-agreement-with-french-publishers-1235169822/.

36. Sarah Fischer y Kristal Dixon, «Scoop: Over 200 Papers Quietly Sue Big Tech», *Axios*, 7 de diciembre de 2021, https://www.axios.com/2021/12/07/1-local-newspapers-lawsuits-facebook-google.

37. Journalism Competition and Preservation Act of 2022, S. 673, 117.º Congreso, 2.ª edición, calendario n.º 569.

38. Amy Klobuchar, «Klobuchar, Kennedy, Cicilline, Buck, Durbin, Nadler Release Updated Bipartisan Journalism Bill», Amy Klobuchar Senado, 22 de agosto de 2022, https://www.klobuchar.senate.gov/public/index.cfm/2022/8/klobuchar-kennedy-cicilline-buck-durbin-nadler-release-updated-bipartisan-journalism-bill.

39. Dean Ridings, «Antitrust Bill Necessary to Protect Local News from Google and Facebook», *Baltimore* Sun, 20 de julio de 2022, https://www.baltimoresun.com/opinion/op-ed/bs-ed-op-0720-jcpa-20220720-ceznmreg7vakfcmxljrwn5wyba-story.html.

Capítulo 6

1. Laura He, «Top Chinese Education Company Laid Off 60,000 People after Beijing's Crackdown Last Year», *CNN*, 10 de enero de 2022, https://www.cnn.com/2022/01/10/business/china-education-layoff-new-oriental-intl-hnk/index.html.

2. «FY21Q1 Fact Sheet», New Oriental, https://investor.neworiental.org/static-files/f72cfa57-d68c-4db1-b7f0-13446a7c8b54.

3. GETChina Insights, «Koolearn, Subsidiary of New Oriental, Made the First Online Education Stock in Hong Kong», *Medium*, 1 de abril de 2019, https://edtechchina.medium.com/koolearn-subsidiary-of-new-oriental-made-the-first-online-education-stock-in-hong-kong-ba841890014a.

4. Shen Lu, «Targeted by Beijing, One Chinese Tutoring Company Reinvents Itself with Live Streams Selling Groceries», *Wall Street Journal*, 13 de julio de 2022, https://www.wsj.com/articles/targeted-by-beijing-one-chinese-tutoring-company-reinvents-itself-with-live-streams-selling-groceries-11657704780.

5. David Goldman, «Blockbuster Is 'Bleeding to Death'», *CNNMoney*, 24 de marzo de 2010, https://money.cnn.com/2010/03/24/news/companies/blockbuster/?npt=NP1.

6. Tom Huddleston Jr., «Netflix Didn't Kill Blockbuster-How Netflix Almost Lost the Movie Rental Wars», *CNBC*, 22 de septiembre de 2020, https://www.cnbc.com/2020/09/22/how-netflix-almost-lost-the-movie-rental-wars-to-blockbuster.html.

7. Anders Melin y Bryan Gruley, «Who's a Very Good Pandemic Business? Chewy Is. Oh, Yes, It Is», *Bloomberg*, 18 de noviembre de 2020, https://www.bloomberg.com/news/features/2020-11-18/chewy-chwy-is-having-a-great-2020-as-pet-care-surges-in-the-pandemic?sref=gzAxNo0s.

8. Marissa Heflin, «Chewy Turns 10: How the Online Retailer Has Impacted the Pet Industry», *Pet Product News*, 21 de julio de 2021, https://www.petproductnews.com/news/chewy-turns-10-how-the-online-retailer-has-impactedthepet-industry/article_c91c4f0a-ea43-11eb-9b30-d3e8047c206e.html.

9. Miriam Gottfried, «How PetSmart Swallowed Chewy-and Proved the Doubters Wrong», *Wall Street Journal*, 1 de octubre de 2019, https://www.wsj.com/articles/how-petsmart-swallowed-chewyand-proved-the-doubters-wrong-11569858310.

10. Gottfried, «How PetSmart Swallowed Chewy».

11. Emma Bedford, «Leading Pet Specialty Chains in North America as of March 2022, Based on Number of Stores», *Statista*, 20 de mayo de 2022, https://www.statista.com/statistics/253896/leading-north-american-pet-specialty-chains-by-number-of-stores/.

12. Lindsey Grant, «What PetSmart's Split from Chewy Means to the Industry», *Pet Product News*, 28 de octubre de 2020, https://www.petproductnews.com/news/what-petsmart-split-from-chewy-means-to-the-industry/article_eee7bb16-1942-11eb-b72c-dba94f5f466c.html.

13. «PetSmart Selling Its Stake in Chewy», *Pet Business*, 26 de octubre de 2020, https://www.petbusiness.com/industry-news/petsmart-selling-its-stake-in-chewy/article_c2e152ba-17b3-11eb-bec7-6b0c543a7542.html.

14. «Marriott International Marks Another Year of Strong Acceleration in Signings», comunicado de prensa de Marriott, 23 de enero de 2023, https://news.marriott.com/news/2023/01/23/marriott-international-marks-another-year-of-strong-acceleration-in-signings.

15. Sean O'Neill, «Marriott Bonvoy Adds 200 Millionth Member as Hotel Race Heats Up», *Skift*, 26 de febrero de 2024, https://skift.com/2024/02/26/marriott-bonvoy-adds-200-millionth-member-as-hotel-loyalty-race-heats-up.

16. Joel Thomas, «2022 Airbnb Statistics: Usage, Demographics, and Revenue Growth», *Stratos Jet Charters*, 4 de enero de 2022, https://www.stratosjets.com/blog/airbnb-statistics/.

17. David Silverberg, «Airbnb Turns to AI to Help Prevent House Parties», *BBC News*, 2023 de octubre, https://www.bbc.com/news/business-67156176.

18. «Proven Ways to Attract Business Travellers to Your Airbnb», Expert Easy, 20 de julio de 2022, https://www.experteasy.com.au/blog/proven-ways-to-attract-business-travellers-to-your-airbnb/; «Get Your Airbnb 'Business Travel Ready», *GuestReady*, https://www.guestready.com/blog/airbnb-business-travel-ready/.

19. Marvin Scholz, «Marriott Now Offers Short Term Rentals Competing with Airbnb», *Travel Off Path*, 10 de mayo de 2022, https://www.traveloffpath.com/marriott-now-offers-short-term-rentals-competing-with-airbnb/; Cameron Sperance, «Marriott Launches Its 32nd-and Most Affordable-Brand», *The Points Guy*, https://thepointsguy.com/news/marriott-budget-extended-stay-travel/.

20. «Airbnb 2019 Business Update», Airbnb, https://news.airbnb.com/airbnb-2019-business-update/.

21. Agradecemos a nuestro colega Krishna Palepu que haya compartido los conocimientos fruto de su investigación sobre este tema.

22. Juro Osawa, «Alipay Wallet Hits 190 Million Active Users», *Wall Street Journal*, 15 de octubre de 2014, https://www.wsj.com/articles/alipaywallet-hits-190-million-active-users-1413430508.

23. Krishna G. Palepu, Feng Zhu, Susie L. Ma y Kerry Herman, «Ant Group (A)», Caso 122-003 (Boston: Harvard Business School, octubre de 2021, revisado en febrero de 2023).

24. Ant Group, Oferta Pública Inicial de Acciones H, https://www1.hkexnews.hk/listedco/listconews/sehk/2020/1026/2020102600165.pdf, 196; Jing Yang y Xie Yu, «Jack Ma's Ant Group Ramped Up Loans, Exposing Achille's Heel of China's Banking System», *Wall Street Journal*, 6 de diciembre de 2020, https://www.wsj.com/articles/jack-mas-ant-group-ramped-up-loans-

0exposing-achilles-heel-of-chinas-banking-system-11607250603.

25. Yang y Yu, «Jack Ma's Ant Group».

26. Julie Zhu y Jane Xu, «China Ends Ant Group's Regulatory Ramp with Nearly $1 Billion Fine», *Reuters*, 7 de julio de 2023, https://www.reuters.com/technology/china-end-ant-groups-regulatory-revamp-with-fine-least-11-bln-sources-2023-07-07/.

27. Willy Shih, «The Real Lessons from Kodak's Decline», *MIT Sloan Management Review,* 20 de mayo de 2016, https://sloanreview.mit.edu/article/the-real-lessons-from-kodaks-decline/.

28. Oliver Kmia, «Why Kodak Died and Fujifilm Thrived: A Tale of Two Film Companies», PetaPixel, 14 de diciembre de 2022, https://petapixel.com/2018/10/19/why-kodak-died-and-fujifilm-thrived-a-tale-of-two-film-companies; Christopher Sirk, «Fujifilm vs. Kodak: Navigating Digital Innovation & Survival», *CRM*, 30 de enero de 2024, https://crm.org/articles/fujifilm-found-a-way-to-innovate-and-survive-digital-why-didnt-kodak.

29. Alex Knapp, «How Garmin Mapped Out a New Direction with Fitness Wearables», *Forbes*, 14 de septiembre de 2016, https://www.forbes.com/sites/alexknapp/2016/09/14/how-garmin-mapped-out-a-new-direction-with-fitness-wearables/.

30. Quy Huy, «How Nokia Bounced Back (with the Help of the Board)», INSEAD Knowledge, 10 de octubre de 2018, https://knowledge.insead.edu/strategy/how-nokia-bounced-back-help-board.

31. «Nokia: The Only Viable Non-Chinese 5G Play», Fade the Market, 24 de marzo de 2022, https://seekingalpha.com/article/4497500-nokia-viable-non-chinese-5g-play.

Conclusión

1. Alicia Kelso, «How Becoming 'A Tech Company That Sells Pizza' Delivered Huge for Domino's», *Forbes*, 30 de abril de 2018, https://www.forbes.com/sites/aliciakelso/2018/04/30/delivery-digital-provide-dominos-with-game-changing-advantages/.

2. Kara Carlson, «As Farming Goes High-Tech, John Deere Opens Development Facility in Austin», *Austin American-Statesman*, 25 de febrero de 2022, https://www.statesman.com/story/business/2022/02/25/john-deere-opens-austin-office-focused-agriculture-technology/6914135001/.

3. Anna Baydakova, «DBS Bank CEO: We Have Twice as Many Engineers as Bankers», *Yahoo! Finance*, 26 de mayo de 2021, https://finance.yahoo.com/news/dbs-bank-ceo-twice-many-210000778.html.

Agradecimientos

Nuestra investigación sobre cómo las empresas tradicionales pueden sobrevivir y prosperar frente a los retos que plantean los gigantes tecnológicos comenzó mucho antes de que surgiera el auge de la IA generativa. La llegada de ChatGPT, Gemini y otros grandes modelos lingüísticos ha aumentado enormemente las capacidades de estos gigantes tecnológicos. En consecuencia, se ha vuelto aún más crucial que las empresas tradicionales evolucionen para convertirse en rivales inteligentes.

Tenemos una enorme deuda de gratitud con las muchas personas que nos han transmitido su sabiduría y sus ideas a lo largo de este viaje.

Feng expresa su más sincero agradecimiento a su asesor, Marco Iansiti, que ha sido un pilar en todos los aspectos de su vida desde el inicio de sus estudios de doctorado en Harvard. Marco no solo instruyó a Feng en cómo realizar investigaciones empresariales, sino que también agudizó su capacidad para comunicar sus ideas a un público más amplio. Karim Lakhani también desempeñó un papel crucial en la investigación de Feng sobre innovación digital. Feng agradece asimismo la orientación recibida por parte de Shane Greenstein, con quien ha trabajado en varios proyectos sobre Wikipedia, en especial cómo la innovación digital puede perturbar productos establecidos, como la *Enciclopedia británica*. Feng también aprecia su colaboración intelectual con Amy Bernstein, que ha perfeccionado de manera constante sus ideas para dotarlas de mayor claridad, impacto y relevancia.

Bonnie quiere dar las gracias a sus mentores de la época en que se dedicaba al periodismo: Linus Chua, Joe McDonald, Scott Tong y Rob Urban. Su orientación y su rigurosa formación no solo marcaron su trayectoria profesional, sino que siguen siendo una fuente de inspiración hasta el día de hoy.

Nuestro agradecimiento y reconocimiento también van dirigidos a nuestros colegas de la Harvard Business School (HBS) por sus contribuciones fundamentales a nuestra comprensión de la dinámica que impulsa el éxito de las empresas tradicionales. Estamos profundamente agradecidos a Prithwiraj Choudhury, Thomas Eisenmann, Ramon Casadesus-Masanell, Chiara Farronato, Kris Ferreira, Walter Frick, Sunil Gupta, Kerry Herman, Rory McDonald, Toni Moreno, Krishna Palepu, Stefan Thomke, Andy Wu y muchos otros que han compartido sus conocimientos y puntos de vista para el libro. También les agradecemos especialmente a nuestros compañeros investigadores, Philip Kuai y Jianwen Liao, su inestimable colaboración.

La inspiración y el apoyo también han llegado de numerosos académicos y amigos más allá de HBS. M. S. Krishnan, por ejemplo, inspiró a Feng a profundizar en el viaje transformador de Domino's Pizza. Ruomeng Cui aportó valiosos comentarios a los borradores iniciales, mientras que el firme apoyo de Danny Sokol impulsó a Feng a llevar a término este proyecto.

Extendemos nuestro agradecimiento a nuestros decanos, Srikant Datar y Nitin Nohria, y a muchos líderes de HBS, por fomentar un entorno que permitió nuestro compromiso con una gran cantidad de empresas tradicionales a través de diversos programas educativos. También damos las gracias a los numerosos estudiantes y empresas inteligentes con los que hemos trabajado. Las colaboraciones con colegas de todos los departamentos de HBS y de nuestros centros mundiales de investigación han enriquecido aún más nuestro trabajo. Damos las gracias a Pippa Armerding, Nancy Dai, Jaye Glenn, Pedro Levindo, Shu Lin, Fernanda Miguel, Tracy Pang, Adina Wong y Sia Zhou.

El excepcional equipo de Harvard Business Review Press merece sin duda un reconocimiento. Nuestro editor, Kevin Evers, y nuestra editora de producción, Anne Starr, han sido unos pilares de apoyo que nos han ofrecido ánimos, consejos inestimables y empatía durante todo este proceso. Nuestro agradecimiento también al corrector, David Goehring; a la coordinadora editorial, Cheyenne Paterson; y a la diseñadora de la cubierta, Stephani Finks, por su extraordinaria contribución. El equipo global de ventas y marketing de HBR Press, que incluye a Jon Shipley, Julie Devoll, Felicia Sinusas y Lindsey Dietrich, se ha volcado en la promoción del libro, por lo que les estamos profundamente agradecidos.

Nuestras familias tienen nuestro inmenso agradecimiento por su inquebrantable apoyo y paciencia durante las muchas tardes y largos fines de semana que pasamos escribiendo, tiempo que podríamos haber pasado con ellos.

Feng está especialmente agradecido a su mujer, Ping, cuyo amor y aliento han sido la piedra angular de su determinación a lo largo de este viaje. Ella ha infundido al proceso un cúmulo de ideas, pasión, consuelo e innumerables sonrisas. Feng también da las gracias a su hijo Evan, cuyo gran interés por su investigación ha sido una motivación constante. Los abrazos espontáneos de Evan han sido pequeñas distracciones, llenas de encanto y más que bienvenidas. También está agradecido a sus padres, Juanyu y Zudi, por su amor y apoyo constantes.

Bonnie agradece profundamente a sus padres, CJ y Ming, su amor y apoyo incondicionales. Le gustaría expresar su profundo agradecimiento a su marido, Charles, y a su recién nacida, Eureka, que han estado a su lado y le han inspirado muchos «momentos Eureka» durante la escritura.

Por último, os damos las gracias especialmente a vosotros, nuestros lectores. Esperamos que este libro enriquezca vuestra vida y contribuya a vuestro éxito.